Afin de prévenir toute contrefaçon, je déclare que je n'avoue aucun exemplaire de ce Mémoire s'il n'est numéroté et paraphé comme ci-dessous, et qu'on poursuivra tout délinquant selon la rigueur des lois.

N.º 924 

REPRÉSENTATION

DU CONSEILLER D'ÉTAT ESPAGNOL

DON FRANCISCO AMORÓS

A S. M. LE ROI

FERDINAND VII.

REPRESENTACION

DEL CONSEJERO DE ESTADO ESPAÑOL.

DON FRANCISCO AMORÓS

A S. M. EL REY

DON FERNANDO VII.

REPRÉSENTATION

DU CONSEILLER D'ÉTAT ESPAGNOL

DON FRANCISCO AMORÓS

A S. M. LE ROI

FERDINAND VII,

Portant plainte de la persécution que sa femme Donn
Maria de Theran souffre de la part du Capitaine général
de Castille la Neuve, Don Valentin Belbis, Comte de
Villariezo, Marquis de Villa-Nueva de Duero;

ET EXPOSITION

De la conduite de M. Amorós dans les convulsions politiques
de sa patrie;

suivies

DES PIÈCES JUSTIFICATIVES.

> Je défendrai la cause des opprimés contre la
> tyrannie des oppresseurs, et je la défendrai avec
> d'autant plus d'énergie que les premiers auront
> plus de foiblesse, et les autres plus de puis-
> sance (Delille de Salles).

DE L'IMPRIMERIE DE P. N. ROUGERON.

PARIS,

Chez {
Renard, Libraire, rue Caumartin, n.° 12.
Favre, Palais-Royal, galerie vitrée, n.° 231.
Alex. Johanneau, Libraire, rue du Coq, n.° 6.

1814.

REPRESENTACION

DEL CONSEJERO DE ESTADO ESPAÑOL

DON FRANCISCO AMORÓS

A S. M. EL REY

DON FERNANDO VII,

Quejandose de la persecucion que experimenta su muger Doña MARIA DE THERAN, de parte del Capitan general de Castilla la Nueva, Don Valentin Belbis, Conde de Villariezo, Marques de Villanueva de Duero;

Y DEFENDIENDO

La conducta que ha tenido AMORÓS en las convulsiones politicas de su patria;

ACOMPAÑADA

DE DOCUMENTOS JUSTIFICATIVOS.

Yo defenderé la causa de los oprimidos contra la tirania de los opresores, y la defenderé con tanta mayor energia quanto mas debilidad tengan los primeros y mas poder los otros.
(DELILLE DE SALES).

EN LA IMPRENTA DE P. N. ROUGERON.

EN PARIS,

Se vende en casa de

RENARD, Librero, rue Caumartin, n.º 12.
FAVRE, Librero, Palais-Royal, galerie vitrée, n.º 231.
ALEX. JOHANNEAU, Librero, rue du Coq, n.º 6.

1814.

S**IRE**,

Don F**rancisco** A**morós**, Conseiller d'Etat , a l'honneur d'exposer à Votre Majesté , avec le plus profond respect :

Que l'attentat le plus inhumain vient d'être commis contre son épouse *Dona Maria de Theran*, et ses trois enfans en bas âge, l'un de treize ans, l'autre de dix, et le dernier de huit. Usant de ses droits d'homme d'honneur, de citoyen et d'Espagnol, il vient s'en plaindre à Votre Majesté, attendu que l'auteur du mal et de l'injustice est votre Capitaine général de la Nouvelle Castille, le Comte de Villariezo , Marquis de Villanueva de Duero.

SEÑOR,

Don Francisco Amorós, Consejero de Estado, hace presente á V. M. con la mayor sumision y respeto, que acaba de cometerse contra su esposa Doña Maria de Theran y sus tres hijos tiernos, de 13, 10 y 8 años, el atentado mas inhumano posible; y en uso de sus derechos de hombre, de ciudadano, y de honrado Español, acude á quejarse á V. M. mismo, puesto que el autor del mal y la injusticia es vuestro Capitan general de Castilla la Nueva, el Conde de Villariezo, Marques de Villanueva de Duero.

Sans alléguer de motif, sans jugement ni sentence, sans avoir entendu ma très-respectable et innocente épouse, et sur-tout sans qu'on sache qu'aucun décret de Votre Majesté l'y ait autorisé, le capitaine général Villariezo lui ordonne, par l'organe d'un adjudant, de sortir de Madrid dans le délai de vingt-quatre heures, et choisit pour lui intimer cet ordre le moment où elle gémissait encore sous le poids des plus cruelles douleurs d'une cardialgie, qui menaçait de trancher le fil d'une vie triste, mais pure et précieuse.

Mon épouse fait des représentations au capitaine général Villariezo, en lui remettant le certificat de son médecin, qui constate l'impossibilité où elle se trouve d'être transportée et le danger de sa situation; elle le prie de suspendre son ordre inattendu......, mais le croirait-on, Sire ! non seulement le capitaine général Villariezo est assez inhumain pour fermer l'oreille à ses prières, mais il se permet encore de maltraiter son respectable oncle, le conseiller des Indes, Don José de Rojas, qui, connaissant l'innocence et la bonne conduite de Dona Maria Theran de Amorós, avait eu la générosité

Sin haber dado motivo para ello, sin juicio, ni sentencia precedente, sin haber oido á mi respetabilisima é inocente esposa, y sobre todo sin que sepamos que decreto alguno de V. M. autorize para ello, el capitan general Villariezo la manda salir de Madrid en el termino de 24 horas, y escoje el momento de intimarle esta orden por un ayudante, en que acababa de padecer los dolores crueles de una espantosa cardialgia, y la terrible muerte amenazaba todabia terminar la carrera de una preciosa, inmaculada y triste vida.

Representa mi muger al capitan general Villariezo, enviandole certificacion del facultativo que la asiste, donde acredita la imposibilidad de moverse, y su lamentable estado, y pidiendole suspenda la execucion de su inesperada orden, y el capitan general Villariezo, no solo tiene la ferocidad de ensordecerse á sus ruegos, sino que maltrata al respetable consejero de Indias y Tio suyo, Don Jose de Rojas, que conociendo la inocencia y la buena reputacion de Doña Maria Theran de Amorós, habia tenido la

d'intercéder pour elle et de présenter lui-même sa supplique. Mon épouse, se voyant dans cette affreuse position, s'adresse à la digne et aimable duchesse de San Carlos, qui, instruite ainsi que tout Madrid du mérite et des qualités qui la distinguent, obtient de faire suspendre l'exécution de cette mesure violente et arbitraire, jusqu'au moment où la santé de mon épouse sera rétablie.

Mais bientôt le capitaine général Villariezo renouvelle ses persécutions, envoie des adjudans pour s'assurer de l'état de sa santé, des médecins pour la reconnaître, et enfin des soldats pour l'obliger à partir, quand sa faiblesse ne lui permettait presque pas de se tenir debout. Les lettres de ma femme, Sire (qu'on trouve au n.º 1.er des Pièces à l'appui), sont capables d'émouvoir les rochers. Plusieurs des personnes qui entourent Votre Majesté se refusent à lui prêter la protection nécessaire; mais enfin elle la trouve pour un moment dans le ministre des Indes, Don Miguel de Lardizabal; et le mouvement généreux de ce ministre prouve qu'on trouve encore des vertus à la cour, et que Votre Majesté est entourée non seulement d'hommes de fer, mais aussi de quelques cœurs sensibles.

generosidad de intercerder por ella, y presentarle la instancia. Viendose mi esposa en aquel conflicto acude à la duquesa de San Carlos, cuya digna Señora conoce tan bien, como el pueblo de Madrid el merito y las singulares prendas de mi amada consorte, y logra por su medio que se difiera el cumplimiento de esta arbitraria y violenta medida, hasta que se ponga buena.

Pero mui luego vuelve el capitan general Villariezo á perseguirla, á averiguar si está tan postrada, á enviar ayudantes, facultativos, y al fin soldados para que la obliguen á salir de Madrid, quando apenas puede tenerse en pie. Las cartas de mi esposa, Señor, comprendidas en el Documento justificativo, n°. 1.°, son capaces de mover á las mismas piedras. Muchos de los que rodean à V. M. se niegan á prestarle sn proteccion; pero al fin la encuentra por un momento en Don Miguel Lardizabal, vuestro Ministro de Indias ó ultramar, y el movimiento generoso de este acredita que todabia hay virtudes en la Corte, y que no solo rodean á V. M. hombres de acero, sino tambien algun corazon sensible.

M. de Lardizabal écrit d'abord au capitaine général, lui enjoignant par ordre de Votre Majesté de ne point faire partir malade Dona Maria de Theran; mais bientôt après il cède aussi au torrent des impostures de Villariezo, et en approuvant sa conduite despostique, il laisse de nouveau ma triste épouse abandonnée aux fureurs du capitaine général. L'ordre que Villariezo transmet à ma femme en date du 30 juillet, et qui se trouve copié dans sa lettre désignée C, au n.° 1.er, est très-singulier. Il veut fonder l'arrêt d'exil contre elle sur la lettre circulaire du ministre Macanaz, en date du 30 mai, *qui ne la regarde pas, puisque ladite circulaire ne parle pas des femmes, qui sont toujours restées tranquilles à Madrid ;* elle ne désigne que celles qui ont suivi leurs maris, lesquelles sont également proscrites avec eux, et celles qui, pour suivre les Français, ont abandonné leurs époux, lesquelles, par une étrange contradiction, sont plus protégées par le ministre et autorisées à rentrer dans leurs foyers. N'étant donc pas comprise dans cette circulaire, que Villariezo appelle *décret royal ,* sans distinguer la différence qu'il y a entre un ordre que fait circuler un ministre et un décret signé par le Roi; il est clair qu'il a commis un acte arbitraire, et qu'il a imposé de sa propre autorité une punition aussi injuste qu'elle est cruelle.... Pero

Escribe por el pronto Lardizabal al capitan general, previniendole de orden de V. M. que no haga poner en camino enferma á Doña Maria de Theran; pero mui luego cedo tambien al torrente de las imposturas de Villariezo, y aprobando su despotica conducta, deja de nuebo á mi triste esposa expuesta á sus furores. El oficio que pasa Villariezo á mi muger con fecha de 20 de julio, y que se halla copiado en su carta letra C, n.º 1.º es mui singular. Funda la providencia de destierro contra ella en la circular de 30 de mayo, *que no la comprende, pués no habla con las mugeres que han permanecido siempre en Madrid,* y soló trata de las que han seguido ó abandonado á sus maridos, favoreciendo mas á estas que á las otras. No estando pues mi muger comprendida en las disposiciones de esta circular, que Villariezo llama *decreto,* sin saber distinguir la diferencia que hay entre una orden que circula un ministro, y un decreto que firma el Rey, es claro que ha cometido un acto de arbitrariedad, y que ha impuesto por si mismo una pena tan injusta como cruel.

Mais il prétend aussi que les différens emplois que j'ai obtenus du gouvernement *intrus,* et ma mauvaise conduite dans ces emplois, doivent être d'assez puissans motifs pour punir ma femme : quel est le titre du capitaine général Villariezo pour qualifier ma conduite? Est-ce qu'on a instruit déjà mon procès? m'a-t-on démontré mes chefs d'accusation? m'a-t-on entendu? a-t-on prononcé ma sentence individuelle? .... Il suffit qu'un tel despote dise que ma conduite a été mauvaise, pour que tout homme de bon sens connaisse qu'elle a été bonne. Mais telle qu'elle soit, puisque nous en parlerons après, est-ce que ma triste et innocente épouse et mes tendres enfans devront être punis pour mes défauts? Pourquoi le capitaine général veut-il les écraser avec tant de fureur? pourquoi sont-ils les seuls jetés hors de leurs foyers? et pourquoi trouvera-t-il des hommes qui approuvent sa conduite abominable? Est-ce qu'un capitaine général pourra se constituer simultanément mon accusateur, mon juge et le bourreau de ma femme et de mes enfans?

Sire, pour que Votre Majesté puisse apprécier toute l'horreur de l'attentat de votre capi-

Pero pretende autorizarse para ello en los diferentes destinos que yo obtube del gobierno *intruso*, y en el mal porte que he tenido en el desempeño de ellos. ¿Y quien es el capitan general Villariezo para calificar mi porte? ¿Ha precedido acaso el exsamen de mi conducta? ¿Se me han hecho cargos? ¿Se me ha oído? ¿Se me ha sentenciado? Basta que este despota diga que yo he tenido mal porte, para que todo hombre de honor y de juicio, grite que ha sido bueno.... Mas sea qual fuere, pues yo trataré de intento este punto mas adelante ¿Que culpa tienen mi triste é inocente esposa y mis tiernos y preciosos hijos? ¿Porque el capitan general Villariezo ha de desahogar contra ellos su espantosa rabia? ¿Porque han de ser los unicos que arroje de Madrid? ¿Y porque ha de hallar quien apruebe su abominable conducta? ¿Corresponde á un capitan general ser mi acusador, mi juez, y el verdugo de mí muger y mís hijos, todo á un tiempo?

Señor, para que pueda graduar bien V. M. todo el horror del atentado de vuestro

taine général Villariezo, il est nécessaire qu'elle connaisse la victime qu'il a choisie pour l'objet de ses fureurs ; il est aussi honorable pour moi du pouvoir par ce motif publier les vertus de mon épouse chérie, comme il doit être intéressant pour Votre Majesté de les connaître, car jamais on n'outrage la vertu impunément ; et de tous les fléaux politiques, le plus dangereux est celui de punir l'innocence.

Mon épouse, Sire, a été depuis vingt ans une habitante tranquille et honorée à Madrid : elle n'a jamais changé de domicile ; et au milieu des vicissitudes de notre fatale révolution, qui par malheur n'est pas encore terminée, puisque les proscriptions n'ont pas fini, elle est toujours demeurée dans le sein de la capitale, veillant sur sa maison et dirigeant l'éducation de ses enfans, sans jamais se mêler d'aucune affaire politique, qui eût pu la compromettre ; mais faisant au contraire le charme de toutes les personnes respectables et judicieuses qui la connaissaient, par sa modération, sa prudence, sa bienfaisance envers les malheureux, et par la fermeté, la grâce, la constance et l'exactitude avec lesquelles elle a toujours rempli ses devoirs sacrés d'épouse et de mère de famille. Sa maison

capitan general Villariezo , es preciso que
conozca la victima que ha elegido para exer-
citar sus venganzas; y á mi me honra tanto
publicar con este motivo las calidades de mi
amada esposa, como á V. M. debe interesarle
conocerlas , pues *jamas se atropella la
virtud impunemente , y de todos los
males politicos el mayor es el de castigar á la inocencia.*

Mi esposa, Señor, ha sido de 20 años a
esta parte una vecina tranquila, constante
é ilustre de Madrid : nunca ha mudado de
domicilio, y en medio de las vicisitudes
de la funesta revolucion , que por desgracia no ha terminado todabia, pues que las
proscripciones continuan, ha permanecido
siempre en la corte, cuidando de su casa y
de sus hijos , sin mezclarse en ningun ne-
gocio politico, que pudiese comprometerla,
y siendo el encanto de las personas de juicio, por su moderacion, por su prudencia,
por su generosidad hacia la afligidos, y por
la fortaleza y la finura, la constancia y la
exsactitud con que ha desempeñado sus sagradas obligaciones de esposa y madre de

son même a servi d'asile pour recueillir les effets
de quelques personnes du parti contraire au
mien ; en un mot, sa vie est remplie d'actions
nobles et généreuses, connues de toute la capitale, et qui remplissent mon cœur de joie et de
reconnaissance.

Telle est, Sire, la femme que le capitaine
général Villariezo a choisie pour l'objet de son
courroux ; et sa conduite est d'autant plus blâ-
mable, d'autant plus horrible, que la personne
qu'il persécute est plus pure et plus digne de
respect. Insulter une dame innocente et malade,
une mère de trois faibles enfans !.... abuser de
la force et l'employer contre une femme affligée et sans défense !... oublier tous les principes de justice et de décence, en commettant un
acte du plus cruel despotisme !... exposer une
mère tendre à mourir sur le grand chemin, et à
laisser en proie à l'abandon et à leur perte certaine trois jeunes et intéressantes créatures !
quelle horreur !... Que Votre Majesté daigne
permettre que je lui dévoile l'état de mon ame,
espérant que, d'après la grandeur de la sienne,
elle approuvera mon indignation vertueuse ;

familia. Su casa ha servido de asilo para salvar los efectos de algunas personas del partido contrario al mio, y por último su vida está tan sembrada de acciones generosas, como Madrid persuadido de ellas, y su esposo agradecido.

Esta es, Señor, la muger que ha elegido el capitan general Villariezo por blanco de su saña, y su procedimiento es tanto mas vituperable y horroroso, quanto mas pura y mas digna de respeto es la persona á quien se dirige..... ¡ Atropellar de este modo una Señora, madre de tres hijos pequeñitos, siendo inocente y estando enferma! ¡ Abusar asi de la fuerza, y aplicarla á una muger afligida é indefensa ! ¡ Olvidar de tal manera todos los principios de justicia y de decoro, y exercer un acto del mas inhumano despotismo ! ¡ Exponerla á morir en un camino, y á dejar abandonadas y perdidas tres criaturas tan tiernas é interesantes !.... ¡ Que horror, que horror ! Permitame V. M. que le manifieste el estado de mi alma, esperando que, por la grandeza de la de V. M., aprobará mi justa

elle entendra avec intérêt les cris des opprimés, et elle réprimera les violences des hommes qui abusent de la puissance qu'on leur a déférée.

Ces mêmes hommes veulent nous représenter Votre Majesté comme le moteur de semblables mesures , dans le dessein perfide de refroidir dans nos cœurs le respect que nous portons à son auguste personne. Sans doute ils cachent à Votre Majesté les maux qu'ils causent; car si elle les connoissait , elle y porterait sur le champ un prompt remède. Ils veulent dégrader le nom respectable de Votre Majesté, en le plaçant à la tête de leurs ordres arbitraires pour faire le mal, et ils commettent l'attentat d'attribuer à Votre Majesté des actes qui ne peuvent naître que de l'ignorance et de la perversité des agens obscurs et subalternes qui les ont provoqués ; car ceux qui émanent du Souverain s'annoncent par des décrets.

Mais quels motifs ont pu autoriser le capitaine général Villariezo à ordonner, avec tant de cruauté, à mon épouse de sortir de Madrid ? celui d'être *la femme de Don Francisco Amorós !* ...... Serait-ce donc un motif suffisant

indignacion; oirá con interes los clamores de los oprimidos, y reprimirá las violencias de los hombres que abusan del poder que les ha confiado.

Estos mismos hombres quieren representarnos á V. M. como el movil de semejantes providencias, con la perfida intencion de que se entibie en nuestro pecho el respeto que le tenemos. Ocultan sin duda á V. M. los males, pues si los conociese los remediaria al momento. Abusan de su respetable nombre para hacerlos, poniendole á la cabeza de sus ordenes, contra el sistema general adoptado por las luces gubernativas de la Europa, y cometen el atentado de atribuir á V. M. las obras, que solo pueden salir de la ignorancia y de la perversidad de sus promovedores obscuros y subalternos, pues lás que son de V. M. se anuncian por decretos.

¿Que motivos han podido autorizar al capitan general Villariezo, para que mande á mi muger salir de Madrid con tanta fiereza?... *El que sea muger de Don Francisco Amorós.* ¿Y acaso es este un

pour avoir le droit de prendre une mesure aussi terrible ? Le Médecin, l'Empecinado, l'Abuelo, Chaleco et d'autres chefs de *Guerrilles* ont calmé leur courroux devant la respectable conduite de mon épouse bien-aimée, et un capitaine général de Votre Majesté, un Grand d'Espagne, redouble ses fureurs, et la poursuit comme si elle était le criminel le plus à craindre. Est - ce qu'il croit qu'une dame de cette qualité pourrait mettre le feu aux quatre coins de la ville ?

Ne sait-il pas, ce capitaine général Villariezo, qu'après la mort, il n'est pas de punition plus cruelle pour une femme respectable et paisible, que celle de l'obliger à abandonner la ville qu'elle habite? Ne sait-il pas que le plus grand scandale qu'on puisse donner à une capitale, c'est de rejeter de son sein les dames estimables et vertueuses qui en font l'ornement et l'ennoblissent par leurs vertus? Ne sait-il pas que, jusques parmi les Mamelucs, les Arnautes et les Arabes, les femmes et leurs maisons, asiles ou harems, ainsi que leurs biens et leurs familles, sont une arche sainte sur laquelle aucun d'eux n'ose lever une main profane?

motivo suficiente para que tenga derecho de tomar una medida tan terrible?... El Medico, el Empecinado, el Abuelo, Chaleco y otros gefes de guerrillas han desarmado su colera ante el decoroso porte de mi amada esposa, y un capitan general de V. M., un Grande de España, se enfurece cada vez mas; y la persigue, como si fuese el facineroso mas abominable! ¿Teme acaso que una señora de esta clase ponga fuego à Madrid por sus quatro costados?

¿No sabe ese capitan general Villariezo que, despues de la muerte, no hay castigo mas cruel para una señora tranquila y venerable, que el de obligarla á dejar el pueblo donde habita? ¿No sabe que el mayor escandalo que puede darse à la Corte es el de arrojar de ella las damas virtuosas y apreciables que la adornan y ennoblecen?... ¿No sabe que hasta para los Mamelucos, los Arnautas, y los Arabes, las mugeres y sus casas, asilos, ó harenes, asi como sus bienes y familia, son un sagrado, un arca santa, á que ninguno de ellos se atreve á llegar la temeraria mano?...

Ne sait-il pas enfin , ce capitaine général Villariezo , qu'à Maroc , à Constantinople et au Caire, chez les Hottentots et les Cafres , lors même que les hommes se font entre eux la guerre la plus sanglante, se détruisent et s'élèvent mutuellement sur les cadavres des vaincus, les femmes et les enfans sont toujours respectés par les vainqueurs, qui les laissent paisiblement jouir des biens de leurs époux sacrifiés ?... Non, il ne sait rien de tout cela ; non plus que beaucoup d'autres choses qu'il devrait savoir pour s'acquitter avec honneur , justice et générosité de l'emploi qu'on lui a confié.

Mais bientôt Ferdinand , ce Roi juste , arrêtera le cours de ses iniquités , et se déclarera le défenseur de l'innocence persécutée.... Bientôt il dira, comme Titus : *Diem perdidi,* le jour où il n'aura pas fait quelque heureux , et vengera l'innocence des outrages de l'injustice ! ... Bientôt enfin il obligera le capitaine général Villariezo à publier les motifs qu'il a eus pour ordonner une mesure aussi arbitraire, et il verra que cette ame inflexible n'a pu être retenue ni par le frein de la religion , ni par les mouvemens de

?No sabe enfin, ese capitan general Villariezo, que en Marruecos, en Constanti-
nopla, en el Cayro, entre los Hotentotes y
los Cafres, aun quando los hombres se hagan
la mas sangrienta guerra, y se destruyan y
levanten unos ú otros sobre los cadaveres
de los vencidos, las mugeres y sus hijos
quedan siempre intactas, son respetadas por
los vencedores y las dejan gozar pacificamente
de los bienes de sus esposos sacrificados?...
Nada de esto sabe, ni otras cosas mas que
saber debiera, para desempeñar con justicia,
generosidad y acierto el cargo que se le ha
confiado.

Pero pronto le cortará el justo Rey Fernando el vuelo de sus iniquidades, y se de-
clarará defensor de la inocencia perseguida...
Pronto dirá como Tito : *Diem perdidi*, el
dia que no logre hacer algun dichoso, y
vengará á la inocencia de los agrabios de la
injusticia.... Pronto, enfin, obligará al capitan general Villariezo á que publique los
motivos que ha tenido para dictar una medida tan atroz, que no ha encontrado en
su alma desdichada, ni el freno de la reli-

la magnanimité, ni par l'amour de la justice ; aussi le capitaine général Villariezo, au milieu de son despotisme fortuné et impuni, m'inspire de la pitié, et je ne changerais pas ma destinée, triste mais noble, avec la sienne.

Une expression dont il s'est servi est : *que s'il savait que quelques-unes des personnes qu'il reçoit chez lui eussent fréquenté Amorós, il leur interdirait l'entrée de sa maison* (1). S'il exécutait cette menace, il courrait grand risque de demeurer absolument seul, comme il arrive toujours aux hommes cruels et altiers. En effet, quelle est la personne, tant soit peu répandue à Madrid, qui n'ait pas eu des affaires particulières ou d'intérêt public à traiter avec moi, dans les différens emplois ou dans les commissions particulières auxquels m'ont conduit mes services et mon zèle dans les règnes heureux de Charles III et Charles IV ? Cette expression, scandaleuse dans la bouche d'un homme public, indigne d'un homme de bien, incroyable de la part d'un chrétien, et peu honorable de la part d'un capitaine général, est fort naturelle au protecteur de la Vedette de la

____

(1) *Voyez* la Pièce justificative, N.º I.er, Lettre A, qui comprend les Lettres de Madame Amorós.

gion que la contubiera, ni la remora de la magnanimidad que la evitara, ni el amor de la justicia que la impidiese. Compadezco al capitan general Villariezo en medio de su afortunado é impune despotismo, y no cambiára por el mi triste, pero noble suerte.

Una de las expresiones que ha dicho, segun consta en la carta letra A del Documento justificativo, n.° 1.°, que contiene las cartas lastimeras de mi digna esposa, ha sido que *si supiera que algunas personas de las que le visitaban habian tratado con Amorós les quitaria la entrada en su casa.* Si tal hiciese fuera mui posible que se quedase solo, como se quedan al fin siempre los hombres crueles y altaneros, pues ¿ que persona algo conocida en Madrid no habrá tratado conmigo en los diferentes empleos y comisiones particulares á que me condugeron mis servicios, y mi zelo en los Reynados felices de los señores Carlos III, y Carlos IV. Esta expresion, escandalosa en un hombre publico, indigna de un hombre de bien, increible en un Catolico, y degradante para un capitan

Manche (1), et prouve seulement la haine qu'il me porte ; haine qui m'honore autant que son amitié m'avilirait.

Mais, Sire, sur quoi cette haine implacable peut-elle être fondée? sur la conduite politique que j'ai tenue?....Cela n'est pas possible, car je prouverai qu'elle a été très-noble. Le ressentiment du capitaine général Villariezo ne saurait donc avoir d'autre principe que la persuasion où il est *que je possède le secret de ses qualités ;* car il a servi avec moi, au commencement de sa carrière, dans le même régiment, quand il n'était autre chose que Don Valentin Belbis, et nous savons de quelle manière nous avons tous deux rempli nos devoirs.

Mais je veux supposer, pour un moment, qu'Amorós eût manqué aux siens ; je suppose même qu'il soit un monstre !.....cela auto-

____

(1) *La Vedette,* où *Atalaya de la Manche,* est une horrible feuille périodique, dans laquelle on demande des bûchers pour brûler ceux qui ne pensent pas comme le rédacteur, qui se croit chrétien. Il paraît incroyable qu'on la publie dans le 19.ᵉ siècle et chez une nation catholique.

general, es mui propia del protector deci-
dido de la Atalaya de la Mancha (1),
acredita el odio que me tiene, y que me
honra tanto, como su aprecio me envile-
ceria.

¿ Y en que podrá cimentarse este odio,
Señor?.... ¿ En la conducta politica que
he tenido ?.... No es possible, porque yo
probaré que ha sido la mas noble..... La
ogeriza del capitan general Villariezo no
puede apoyarse en otro principio, sino en
el de que *poseo yo el secreto de sus calidades*, pues sirvió conmigo al principio
de su carrera en el mismo regimiento, quando
no era mas que Don Valentin Belbis, y
sabemos la manera con que desempeñamos
nuestras obligaciones.

Pero yo quiero suponer por un momento
no mas, que Amorós hubiese faltado á sus
deberes, y aun, que hubiese sido un mons-

____

(1) Periodico que no parece creible pueda publicarse
en una Nacion catolica, ni en el siglo XIX, pues se pide
en él, fuego y mas fuego para quemar á los que no piensan
como el redactor, que se crée sin duda por equivocacion
buen christiano.

risait-il le capitaine général Villariezo à procéder aussi tyranniquement contre une femme
faible, malade et presque mourante? En vertu
de quel code criminel applique-t-on aux femmes
et aux enfans innocens la peine des délits commis par leurs époux et leurs pères?...Non,
les siècles les plus barbares, ni les nations les
plus sauvages n'offrent rien de pareil. Cet horrible procédé n'est donc fondé que sur l'immo-
ralité du capitaine général et sur l'abus de l'autorité.

Que Votre Majesté me permette encore une
fois d'exhaler ma sainte indignation, en retra-
çant cet attentat; qu'elle me permette aussi, en
vertu du droit sacré qu'a tout homme de réclamer contre une injustice, de lui démontrer tous
les degrés d'énormité de celle-ci; car, non
seulement mon épouse devrait être à l'abri de
toute poursuite, puisqu'elle n'est pas coupable,
mais elle ne devrait encore éprouver aucune
persécution, parce qu'elle est *l'épouse d'un
homme d'honneur, qui jamais n'a manqué à
ses devoirs.*

A l'époque de la révolution d'Aranjuez, qui
arracha le sceptre des mains de votre auguste
père, Sire (1), et ensuite des vôtres, puisqu'elle

____

(1) *Voyez* la Pièce justificative N.º II.

truo. ¿ Autorizaba acaso esto al capitan general Villariezo para proceder contra su muger? ¿En que codigo criminal se aplican á las mugeres y á los hijos inocentes las penas de los delitos cometidos por sus esposos ó padres?.... Nó, nó lo han presentado, ni los tiempos, ni las naciones, por barbaras que hayan sido. Solo está afianzado este horrible proceder en la inmoralidad del capitan general Villariezo y en el abuso de la autoridad.

Permitame V. M. otra vez, que mi corazon se colme de una santa indignacion al recordar este atentado, y permitame tambien, que en uso del sagrado derecho de reclamar contra una injusticia, le demuestre todos los grados de la enormidad de esta, pues no solo mi esposa no merece ser perseguida, por que no es delinqüente, sino que tampoco lo merece *por ser muger de un hombre de honor, que jamás ha faltado á sus deberes.*

La revolucion de Aranjuez, que arrancó el cetro de las manos al augusto padre de V. M., segun lo acredita el Documento,

fut la première cause de votre voyage en France, j'étais colonel d'infanterie, régidor perpétuel de la ville de Sanlucar de Barrameda, conseiller des Indes et secrétaire du Roi avec *exercice de décrets* ; j'étais l'époux d'une femme qui me rendait heureux, j'étais riche de ses biens et des miens ; ma maison étoit citée comme le centre du bon goût, où les sciences et les arts utiles étaient accueillis, et les savans traités avec la distinction qu'ils méritent. Je possédais une bibliothèque considérable et choisie, un cabinet de physique, un d'histoire naturelle, une collection de médailles, de tableaux, de gravures et d'autres productions des arts que j'aime et que je professe, et sur-tout une collection précieuse de modèles d'instrumens utiles, tirés d'Angleterre, d'Allemagne et d'autres pays ; collection à laquelle Votre Majesté elle-même a daigné quelquefois applaudir, chez l'Infant Don Francisco de Paula, lorsque j'eus l'honneur de diriger son éducation d'après la méthode d'un Suisse célèbre, l'estimable Pestalozzi.

n.º 2 , y despues á V. M. mismo, pues que fué causa de su entrada en Francia, me halló siendo coronel de infanteria, regidor perpetuo de la ciudad de Sanlucar de Barrameda, consejero de Indias, y secretario del Rey, con exercicio de decretos; casado con una muger que me hacia dichoso, y rico por sus bienes y los mios propios. Mi casa era yá citada como un centro donde se reunia el buen gusto, donde hallaban acogida apreciable las ciencias y las artes utiles, y donde se trataban los sabios con la distincion que merecen. Poseía una biblioteca considerable y mui selecta, un gabinete de física, otro de historia natural, un monetario, muchas pinturas y grabados, con otros infinitos objetos de las artes, que amo, que profeso, y sobre todo, una coleccion preciosa de modelos de instrumentos utiles, traidos de Inglaterra, Alemania, y otras partes, que V. M. mismo vió alguna vez en el quarto del Señor Infante Don Francisco de Paula, quando tube el honor de enseñarle, siguiendo el metodo, justamente celebrado, del insigne suizo Pestalozzi.

Je dus donc acquérir l'amour des arts et particulièrement celui du bien public, lorsque je jouissais de l'honorable distinction d'être admis dans le palais de nos rois, et de partager les amusemens de Votre Majesté avec la reine Charlotte de Portugal, avec la reine d'Étrurie et les autres Infans pendant leur enfance. Les emplois qui me furent conférés par mon souverain n'ont été la récompense ni de l'adulation, qui n'était pas aussi heureuse alors qu'on le croyait, ni de l'intrigue, dont je suis incapable ; j'ai su toujours dire la vérité aux hommes puissans, comme je la proclame maintenant aux pieds du trône de Votre Majesté ; car ma devise est toujours : *vitam impendere vero.* Cette fermeté de caractère me valut l'estime des grands hommes ; les petites ames seules s'effarouchent à l'aspect de la vérité sainte. Les biens que j'ai acquis, soit par mon mariage, soit par l'héritage de mes pères, soit par la constance de mon travail, ne sont dus qu'à mon industrie, à mon économie ou à ma naissance ; ils ne doivent rien à la générosité ou à la reconnaissance de mes compatriotes ; leur acquisition ne fut jamais illégale ni honteuse !

La aficion á las artes, y con particularidad á los objetos de beneficencia publica, la debí adquirir sin duda quando tube la distincion de frecuentar el palacio, y de concurrir á las diversiones de V. M., de la Reyna Carlota de Portugal, de la de Etruria, y demas Infantes, siendo todos niños. Los empleos que merecí á mis soberanos, ni fueron un premio de la adulacion, que no era tan feliz como se ha creido en aquellos tiempos, ni de la intriga, que soy incapaz de emplear. Supe siempre decir verdades á los hombres poderosos, como ahora se las digo á V. M., pues una de mis divisas ha sido: *Vitam impendere vero.* Esta fortaleza de carácter me atrajo el aprecio de los hombres grandes, porqué solo los pequeñuelos se estremecen al aspeto de la santa verdad. Los bienes adquiridos, ó por efecto de un casamiento acertado, ó por la herencia de mis parientes, ó por una laboriosidad constante, fueron debidos á mi nacimiento, á mi industria, á mi economía, y ninguno entró en mi casa por la vía del obsequio, ni por una adquisicion ilegal ó vergonzosa.

Il m'est pénible d'entretenir si long-temps le public de moi : je me flatte que les personnes qui me connaissent me pardonneront d'entrer dans de pareils détails : l'esprit de jactance n'y entre pour rien ; mais ces détails me sont commandés, soit par le désir de conserver l'estime publique, à laquelle j'attache le plus grand prix, soit pour faire connaître quel était mon état quand la fatale révolution d'Aranjuez vint exiler d'Espagne la paix des familles et produisit les maux sur lesquels nous avons tant gémi et qui nous forceront encore long-temps à pleurer !... Que de motifs de remords et d'agitation pour ceux qui ont fomenté cette fatale révolution ! ... Le premier et le plus funeste de tous fut le déchaînement des révélations clandestines et perfides, par l'effet desquelles je fus arrêté chez moi, et gardé à vue !... Mais il est des circonstances où il est honorable d'être persécuté, où il y a de l'infamie à ne pas subir des arrestations et à rester libre au milieu des pervers et des énergumènes !

Trois conseillers de Castille furent chargés d'examiner mes papiers, dont on s'empara à

Siento mucho hablar tanto tiempo de mi mismo; pero me lisongeo de que las personas que me conocen me disimularán que entre en estas explicaciones : ninguna parte toma en ellas el espiritu de jactancia; pero son absolutamente necesarias, tanto por el deseo de conserbar la estimacion publica, que aprecio mucho, como por hacer conocer qual era mi situacion, quando la fatal revolucion de Aranjuez vino á desterrar de España la tranquilidad de todas las familias, y á producir los males que tanto hemos gemido, y tendrémos todavia que llorar... ¡ Que motivos de remordimiento, y de inquietud para sus fomentadores ! El primero, y mas fatal de todos estos males, fué el desenfreno de las delaciones clandestinas y falaces, por efecto de una de las quales fuí arrestado en mi casa con centinela de vista. ¡ Hay tiempos en que es honor el ser perseguido, que fuera infamia no sufrir arrestos, y quedarse libre entre los perversos y los energumenos !

Tres consejeros de Castilla reconocieron mis papeles, que fueron completamente sor-

l'improviste. Leur rapport ayant fait éclater, non seulement mon innocence, mais le mérite patriotique dont ils fournissaient la preuve, puisqu'on reconnut qu'ils étaient tous utiles au Roi et à l'état, l'Infant Don Antonio lui-même, qui gouvernoit alors, ordonna qu'ils me fussent restitués et que je reprisse l'exercice de mes fonctions.

Calomnié et injustement poursuivi, je n'en demeurai pas moins convaincu que mes maux n'étaient pas l'ouvrage de Votre Majesté (non plus que la persécution du capitaine général Villariczo contre ma respectable épouse); et par l'amour et la loyauté que je porte au Monarque régnant, j'adressai à Votre Majesté une représentation, par laquelle je lui offrais mes services dans les circonstances critiques où se trouvoit sa personne, étant prêt à répandre pour sa défense mon sang qui, dans d'autres circonstances, avoit déjà coulé pour l'honneur et le service de nos Rois.

Mais ni cette offre loyale, ni celle de plusieurs autres Espagnols, qui voyaient avec le plus vif chagrin le voyage de Votre Majesté en France et s'y opposaient ouvertement, ne purent l'empêcher ni l'éviter, et Votre Majesté fut, ou con-

prendidos; y hecho el informe, no solo de su inocencia, sino del mérito patriotico que envolvian, por ser todos utiles al Rey y al Estado, el mismo Infante Don Antonio, que gobernaba entonces, me declaró libre de todo cargo, mandó restituirme los papeles, y que volviese al exercicio de mi empleo.

Sin embargo de que me hallaba injustamente calumniado y perseguido, como viese que esta no era obra de V. M. (qual no lo es tampoco la persecucion del capitan general Villariezo contra mi respetable esposa), mi amor y lealtad al soberano reynante, le dirigieron una representacion, ofreciendose á servirle en las circunstancias criticas en que se hallaba su persona, y á derramar mi sangre en su defensa, acostumbrada en otras ocasiones á verterse prodigamente en honor y obsequio de sus Reyes.

Ni este ofrecimiento leal, ni el de otros muchos Españoles, que sentian el viage de V. M. á Francia, y se oponian á él abiertamente, pudieron contenerlo, ni evitarlo, y V. M. fué conducido, ó por la fuerza, ó

duite par la force, ou entrainée par cette foule
de conseillers, que l'auguste Père de Votre
Majesté appelait *perfides,* dans les bras redoutables du rival de sa dynastie !.... Non seulement Votre Majesté rendit à Charles IV sa couronne ; mais elle céda par un traité tous les droits
qu'elle conservait encore comme prince des Asturies. Elle nous ordonna d'unir de cœur tous
nos efforts à ceux de l'empereur des Français,
comme au seul homme capable de faire le bonheur de l'Espagne (1).

Après la cession faite à Napoléon, par tous
les princes et Infans de l'auguste et antique
dynastie espagnole, de la couronne d'Espagne,
Votre Majesté voulut donner encore de nouvelles preuves de sa volonté à persister dans
les mêmes intentions ; en conséquence elle
adressa le 12 mai 1808 un manifeste à la nation
signé de vous, Sire, et des Infans Don Carlos
et Don Antonio (2). Votre Majesté, non contente encore de cette répétition d'actes qui nous
prescrivoient la conduite que nous devions
tenir, donna d'autres preuves de sa ferme adhésion au nouvel ordre de choses, en sollicitant
l'amitié de l'empereur, en le félicitant sur ses

---

(1) *Voyez* les Pièces justificatives, N.º III.
(2) *Voyez* la Pièce justificative, N.º IV.

por el torbellino de esos consejeros, que su augusto Padre llamó perfidos, á los brazos terribles del rival de su dinastia. ... V. M., no solo volvió al Señor Don Carlos IV. la corona, sino que cedió los derechos que todabia conserbaba como principe de Asturias, por un tratado, y nos mandó reunir nuestros esfuerzos, de todo corazon, al emperador de los Franceses, como unico que podia hacer el bien de la España, segun consta del Documento, n.° 3.

Despues de cedida la corona á Napoleon por todos los principes é infantes de la augusta y antigua dinastia Española, quiso V. M. dar todabia otra prueba de persistir en las mismas intenciones, y escribió en 12 de Mayo de 1808 un manifiesto á la nacion, firmandalo con los Infántes Don Carlos y Don Antonio, segun se acredita en el n.° 4. No contento aun V. M. con esta repeticion de actos, que nos prescribian la conducta que debiamos tener, dió V. M. otras pruebas de su firme adesion al nuevo orden de cosas, solicitando la amistad del emperador y feli-

victoires, en faisant l'éloge des vertus du roi Joseph, en lui écrivant pour solliciter son amitié, et enfin en prétendant à devenir le fils adoptif de Napoléon (1).

Il s'ensuit de ces divers faits, Sire, que je ne saurais comprendre comment les ministres de Votre Majesté se permettent de nommer *intrus* le roi Joseph, lorsque ce sont eux - mêmes qui ont conseillé à Votre Majesté les actes et les opérations qui ont favorisé son *intrusion*. Je comprends aussi peu comment ils peuvent considérer comme illégales toutes les actions et les mesures de ce nouveau roi, que Votre Majesté elle-même a reconnu et traité comme tel, sans que rien vous y forçât, Sire, long-temps après lui avoir cédé tous vos droits; de ce nouveau roi auquel ces mêmes hommes, ces mêmes ministres qui se permettent maintenant de l'appeler avec une affectation puérile *intrus* (comme ils nous appellent *déloyaux*) ont prêté le serment de fidélité, en lui demandant d'être admis à l'honneur de le servir (2).

----

(1) *Voyez* les Pièces, N.^{os} V, VI, VII, VIII, IX.

(2) *Voyez* la Pièce justificative, N.° X. Et il est bon d'observer que cet acte de soumission et de respect est précisément le plus humiliant et le plus volontaire de tous ceux qui ont été faits en Espagne au Roi Joseph, parce que les personnages qui le signèrent se trouvaient en France

citandole por sus victorias ; elogiando las virtudes del Rey José y escribiendòle para hacerse su amigo , y pretendiendo al fin ser hijo adoptivo de Napoleon, segun consta de los documentos n.ᵒˢ 5, 6, 7, 8 y 9.

De aqui se sigue, Señor, que yo no puedo comprender ¿ porque se atreven los ministros de V. M. á llamar *intruso* al Rey Dón José I.º, quando son ellos mismos los que aconsejaron á V. M. todas las operaciones que le *introdugeron* en España?.... Tampoco comprendo como pueden considerar ilegales todos los actos que hizo este Rey, á quien V. M. mismo reconoció y trató como tal, sin que nadie le obligara á ello, mucho despues de cederle sus derechos; y á quien esos mismos hombres y ministros, que se atreven á llamarle con tan irracional afectacion *intruso*, como á nosotros *desleales*, juraron tambien fidelidad y solicitaron servirle, segun le acredita el n.º 10 (1).

―――――――――――――――

(1) Es bueno observar que este acto de sumission es justamente el mas sumiso y mas volontario de todos quantos se han hecho en España al Rey José, pues estando estos personages en Francia y al lado de los

Enfin, Sire, je ne comprends pas pourquoi, ni comment, ni quand nous avons été moins *loyaux*, nous qui avons prêté serment à Bayonne, d'après l'ordre exprès de Votre Majesté, et sommes restés fidèles à notre serment, que ceux qui ont prêté le même serment à Bayonne, à Paris, à Valençay, à Madrid et dans d'autres parties de l'Espagne, et y ont manqué.

Cependant la plupart de ces derniers jouissent de l'avantage d'être tranquilles chez eux, ou d'entourer Votre Majesté, comblés d'honneurs et de puissance, tandis que nous autres, nous sommes opprimés et exilés de notre patrie. Il est pourtant vrai, Sire, qu'entre les uns et les autres il n'y a d'autre différence, sinon, que ceux qui ont obéi au roi Joseph ont été constamment les sujets loyaux, et que les autres ont changé souvent de principes, de conduite, d'obligations et de sermens.

Quant à moi, je suis si éloigné de me

____

auprès des Princes Ferdinand, Charles et Antoine ; ils n'avaient aucun besoin de le faire, et si ces messieurs ne les abandonnèrent point, ce ne fut sûrement pas faute de le solliciter, mais parce que ses offres de services ne furent pas agréées.

Enfin, Señor, yo no entiendo porqué, ni como, ni quando hemos sido menos leales los que juramos en Bayona, siguiendo el mandato expreso de V. M. y siendo fieles á él, que los mismos que juraron en Bayona, Paris, Valençay, Madrid y otras partes de España y no lo han sido.

Sin embargo muchos de estos tienen la ventaja de estar en sus casas, y rodean á V. M. colmados de poder, al paso que nosotros estamos perseguidos y desterrados de la patria. Pues, Señor, es positibo que no hay otra diferencia entre unos y otros, que la de haber sido siempre *leales* los que han obedecido al Rey Don Jose I.º, y haber variado los otros muchas veces de principios, de conducta, de obligaciones y de juramentos.

Estoy tan lejos, de hallarme arre-

Principes no tenian necesidad de hacerlo, y si no los abandonaron, no fué seguramente por que no lo pretendieron, sino por que no fueron admitidos sus ofrecimientos.

repentir du parti que j'ai embrassé, que chaque jour je m'en applaudis davantage, et qu'au sein des disgraces et de la persécution ou je me vois enveloppé, j'ai conservé mon honneur sans taches, tandis que je l'eusse perdu sans ressources, selon mes principes et la situation dans laquelle je me trouvais, dans tout autre parti que j'eusse embrassé.

Je ne suis pas, Sire, comme quelques personnes qui, sachant positivement qu'elles se sont conduites bien en suivant notre parti, ont la faiblesse de dire à présent qu'elles ont fait mal, et d'implorer un pardon, que par cela même elles ne méritent pas. Cette classe d'hommes vils se font mépriser également par le parti qu'ils abandonnent comme par celui qu'ils embrassent. Par malheur il y en a par-tout de ces espèces d'hommes, et sans doute ils ont donné l'origine au proverbe qui dit : « que le plus mauvais carac-» tère est celui de n'en avoir aucun ». Enfin, Sire, l'homme qui commet une bassesse en faveur d'un Roi, se prépare dans le fait à en commettre une autre contre lui. Voilà pourquoi je tiens à honneur d'avoir été membre de l'assemblée

pentido de haber seguido esta causa, que cada vez me encuentro mas contento de mi mismo, y en medio de la desgracia y de la persecucion en que me veo envuelto, conservo mi honor intacto, que lo hubiera perdido, sin remedio, según mis principios, y las situaciones en que me hallaba, en qualquiera otro partido que hubiesé abrazado.

Yo no soy, Señor, como algunos, que, sabiendo positivamente que han obrado bien en seguir nuestra causa, tienen la debilidad de decir que han procedido mal, y de implorar un perdon, que por el mismo hecho no merecen. Esta clase de hombres miserables se hace tan despreciable á los ojos del partido que abandonan, como á los del que abrazan; por desgracia los hay en todos, y dieron lugar á que se digese de ellos, *que no hay peor caracter que no tener ninguno.* Enfin, Señor, el hombre que comete una bajeza en favor de un Rey, se prepara en el hecho mismo á cometer otra en contra suya. Por lo tanto me glorió de haber sido miembro de la Asamblea constituyente

constituante de Bayonne, d'avoir obtenu l'emploi de conseiller d'état, d'avoir été décoré de
l'ordre Royal d'Espagne sans l'avoir sollicité,
et d'avoir été investi des diverses commissions
extraordinaires, que j'ai remplies également
sans les avoir briguées.

En effet, laissant à part les ordres de nos souverains légitimes, qui nous ordonnaient d'obéir
au roi Joseph, qu'ils légitimaient par ces actes,
nous n'avions pas d'autre parti honorable à
prendre, et les véritables intérêts de la patrie
nous faisaient la loi. Toutes les puissances continentales de l'Europe fléchissaient sous la puissance colossale de l'empereur des Français;
l'Espagne abandonnée à elle-même ne pouvait
espérer de lui résister.

Appeler à son secours une puissance alliée,
pour l'aider à soutenir la lutte, c'était attirer
sur elle toutes les calamités d'une dévastation
que nous voulions, d'accord avec Votre Majesté
et son auguste Père, éviter par tous les moyens
possibles, parce que nous prévîmes que le
royaume serait conquis et détruit, ainsi que
cela est arrivé; car, à l'exception d'Alicante,
de Carthagène et de Cadix, quelle est la ville
où les horreurs de la guerre n'ont pas pénétré?
D'un côté, Sire, les leçons salutaires de l'histoire

de Bayona; de haber obtenido el empleo de consejero de Estado, y la orden Real de España, sin pretenderlo, y de todas las comisiones que he desempeñado, y tampoco he pedido.

En efecto, prescindiendo de que mandandonos nuestros soberanos legitimos obedecer al Rey Don José I.º, que por este acto legitimaban, no podiamos elegir otro partido honroso, los intereses verdaderos de la patria nos obligaban á ello. Todas las Naciones del continente Europeo cedian al poder colosal del Emperador de los Franceses, y la España sola no podia resistirle.

Llamar á una potencia aliada, para que la ayudase á sostener esta lucha, era traer á nuestra patria todas las calamidades de la desolacion, que acordes con V. M. y su augusto Padre, queriamos evitar; porqué previamos que seria conquistada y destrozada, como ha sucedido, pues á excepcion de Alicante, Cartagena y Cadiz ¿ qual ha sido el pueblo donde no ban penetrado los horrores de la guerra ?

Por otro do, Señor, se nos presentaban

4

toire s'offraient à nos regards pour nous ensei-
gner combien il était convenable qu'une même
dynastie occupât les deux trônes, tandis que
de l'autre côté nous envisagions avec douleur
les fureurs d'un peuple révolté qui avait commencé par épouvanter son légitime, respectable et excellent Roi Charles IV et l'obliger à
renoncer à sa couronne; qui avoit poursuivi ses
excès en assassinant les Borja, Peralés, Solano,
Filangieris, et un grand nombre d'autres Espagnols illustres et pleins de mérite; et qui finira
d'une manière à confondre toutes les probabi-
lités.

Comment était-il possible, dans l'alternative d'obéir à nos souverains, en respectant
le nouveau Roi, reconnu à la fin par toutes les
nations, ou de nous abandonner à toutes les horreurs de l'anarchie, que nous eussions pu hésiter
un seul instant?... Nous nous réunîmes autour
du souverain qu'on nous ordonna de servir,
et nous lui demeurâmes fidèles jusqu'au dernier instant. Nous avons dû le faire, parce
qu'il avait fait beaucoup de bien à Naples,
parce qu'il désirait de bonne foi en faire autant en Espagne, et parce que Votre Majesté

las lecciones oportunas de la historia, dictandonos la conveniencia que resulta á España de que una misma dinastia ocupe sus tronos, al paso que por otra parte contemplabamos con dolor los furores de un pueblo amotinado, que comenzó intimidando al legitimo, respetabilisimo y excelente Rey Don Carlos IV y obligandole á renunciar la corona; siguió arrastrando y asesinando á los Borjas, Perales, Solanos, Filangieris, y otros muchos ilustres y benemeritos españoles, y acabará no sabemos todabia de que modo.

¿ Como era posible que en la alternativa de obedecer á nuestros soberanos, respetando al nuevo Rey, que todas las Naciones reconocieron al fin, menos la Ynglaterra, porque hacia la guerra á la Francia, ó de seguir los horrores de la anarquia, pudieramos vacilar ni un solo instante ? Nos unimos al soberano que se nos mandaba servir, y le fuimos fieles hasta el ultimo momento. Debimos serlo, porqué habia hecho mucho bien en Napoles, porque deseaba de buena fé, y de todo corazon hacerlo en España, y

voulait être son ami et applaudissait elle-même à ses vertus.

Nous avons dû le servir avec zèle et constance , parce qu'il s'opposait , autant qu'il le pouvait , au despotisme des gouvernemens militaires en Espagne , que la résistance tumultueuse du peuple avait forcé d'établir , et parce qu'il réprimait avec ardeur tous les attentats contre l'indépendance et l'intégrité nationale. Nous avons dû nous unir chaque jour plus fortement autour de lui, et ne pas nous abaisser jusqu'à la foule de ceux qui crient *vive le vainqueur ,* parce que sa cause était celle de Votre Majesté, de son auguste Père et de tous les souverains de l'Europe ; parce que, sous son gouvernement seul , on connoissait en Espagne l'empire des lois, que l'hydre de l'anarchie était enchaînée, et parce que dans son parti les Espagnols n'ont pas commis les crimes de la révolution ni les désordres qui ont fait un cahos de la malheureuse Espagne.

Enfin, nous avons dû soutenir ses décrets et contribuer à leur exécution, parce qu'ils prescrivaient les réformes dont la nation avait besoin , que les *lumières du siècle* réclamaient ;

porque V. M. queria ser su amigo y aplaudia sus virtudes.

Debimos servirle con zelo y constancia, por que se oponia, quanto le era posible, al despotismo de los gobiernos militares de España, que la misma resistencia tumultuaria habia hecho establecer, y rebatia con un teson noble todos los atentados dirigidos contra la independencia, y la integridad de la nacion. Debiamos unirnos cada vez mas fuertemente á él, y no degradarnos entre la turba de *viva quien vence,* por que en su causa estaba la de V. M., la de su augusto padre, y la de todos los soberanos de la Europa; por qué solo en su gobierno se conocia el imperio de las léyes, y la hidra de la anarquia estaba refrenada, y por qué en su partido, los Españoles no han cometido los crimenes de la revolucion, ni los desaciertos que han hecho un cahos de la triste España.

Por ultimo debimos sostener los decretos del Rey José I.º, y coadyubar á su cumplimiento, por que en ellos se prescribian las reformas que necesitaba la nacion; que recla-

qui adaptaient l'administration publique aux systêmes reconnus comme les meilleurs, puisqu'ils consolidaient la puissance de l'état et assuraient sa liberté politique, ainsi que sa véritable gloire. Il n'y a pas de doute, Sire, et les Français ne se sont pas seulement battus en Espagne pour soutenir le roi d'une nouvelle dynastie, mais encore pour assurer l'empire des lumières, des lois et de la justice ; et l'on voit maintenant que leur entreprise était généreuse, et qu'ils n'ont pas à rougir des efforts qu'ils ont fait ni du sang qu'ils ont versé, quoiqu'ils n'aient pas atteint sous ce rapport le but désiré, et que l'étendard de l'intolérance et du fanatisme flotte de nouveau sur tant de victimes pour en sacrifier encore d'autres.

L'histoire rendra justice à la reconnaissance universelle et à la légitimité du roi Joseph I.er, malgré tous les efforts que puisse faire l'esprit de parti et de faction pour la contester ou la faire regarder comme vaine ; elle verra dans ce roi, si sottement et si impuissamment appelé *intrus* par les ministres de Votre Majesté, le monarque *reconnu* et *respecté* par Votre Majesté

man *las luces del siglo;* que arreglan la administracion publica á los sistemas conocidos por mejores, consolidan el poder de un Estado, y aseguran su libertad positiva y su gloria verdadera. Asi es, Señor, y los Franceses no han batallado solo en España por sostener el Rey de una nueba dinastia, sino por asegurar el imperio de las luces, el de las leyes, el de la justicia, y ahora se ve ya que su empeño era generoso, y que no tienen que avergonzarse de los esfuerzos que han hecho, ni de la sangre que han derramado, aunque no se haya conseguido en esta parte el fin deseado, y el estandarte de la intolerancia y el fanatismo se tremole de nuebo sobre tantas victimas para sacrificar otras muchas.

La historia hará justicia á la legitimidad y al reconocimiento universal de Don José I.º, por mas que se empeñe el espiritu de partido y de faccion en negarla y deprimirla. Verá en ese Rey tan necia é impotentemente llamado *instruso* por los ministros de V. M., el Monarca *reconocido y respetado* de V. M. mismo, y de todos los

elle-même et par tous les souverains du continent. Elle verra en lui l'homme fort, lorsqu'il
écrivait à l'empereur des Français qu'il renon-
çait à la couronne, puisqu'il ne pouvait pas faire
le bonheur de la nation : elle verra en lui le souverain juste et intègre, reconnaissant la dette
de l'état laissée par ses prédécesseurs, la dimi-
nuant considérablement par le moyen des biens
nationaux, faisant le bonheur d'une infinité de
bras utiles et productifs, provoquant la circu-
lation des richesses et asseyant le trône consti-
tutionnel sur des bases libérales et sagement
combinées : elle verra enfin en lui le défenseur
religieux du pacte qu'il jura à Bayonne et que
des milliers d'Espagnols se repentent de n'avoir
pas embrassé.

Votre Majesté elle-même, Sire, en désirait
l'observance et y était intéressée ; car si la nation avait unanimement reconnu le roi Joseph I.er, il n'y aurait eu ni opposition, ni guerre
désastreuse, ni troupes étrangères dans le sein
de la patrie, ni villes ruinées, ni arsenaux dé-
truits ou dépouillés, ni des armées entières
anéanties ou faites prisonnières, ni proscriptions d'aucune espèce, ni révolutions en Amérique, ni émancipation de colonies, ni ambas-

soberanos del continente : verá el hombre fuerte, quando escribió al emperador de los Franceses, que renunciaba la corona de España, pues no podia constituir su felicidad : verá al soberano recto, quando reconoce la deuda del estado de sus predecesores ; la satisface por medio de los bienes nacionales, la disminuye infinitamente, hace felices una multitud de manos utiles y producentes ; promuebe la circulacion de las riquezas, y sienta el trono constitucional sobre bases liberales : verá enfin el religioso defensor del pacto que juró en Bayona, y que yá están mui arrepentidos de no haber abrazado millares de millares de Españoles.

No hay duda, Señor, y V. M. mismo deseaba su obserbancia, y estaba mui interesado en ella : porqué si la nacion hubiera reconocido unanimemente al Rey Don José I.º, no hubiera habido oposicion, ni guerra, ni tropas extrangeras, ni pueblos destruidos, ni arsenales desmantelados, ni exercitos enteros deshechos y aprisionados; ni proscripciones de ningun genero; ni revoluciones en la America y emancipacion

sadeurs à Londres et ailleurs de différentes portions de la monarchie démembrée ; nous ne verrions pas, avec une indignation patriotique et une noble colère, un si grand nombre de trophées espagnols, ni tant de drapeaux, orner les murs de cette capitale ; nous ne verrions pas tant de veuves, tant d'orphelins, ni tant de calamités, ni enfin aucun des maux innombrables que nous avons tous soufferts ; et Votre Majesté, en remontant sur ce trône (qui serait également redevenu son partage par le concours des dernières circonstances, et sans que l'Espagne eût besoin d'une si longue résistance), eût trouvé la nation intacte, florissante et plus digne de la sollicitude d'un cœur sensible et vertueux, et d'un Roi jaloux du véritable bonheur de son peuple, lequel ne consiste pas à voir détruire ses villes, comme Numance, Sagonte, Sarragosse, Saint - Sébastien et tant d'autres.

Néanmoins, ni par ces circonstances, ni par les qualités du roi Joseph, que le duc de San Carlos, Don Juan d'Escoiquiz, Don Pierre Macanaz, et tous les serviteurs de Votre Majesté et des Infans Don Carlos et Don Antonio, nom-

de Colonias; ni enviados ó representantes en Londres de diferentes fracciones de la despedazada Monarquia; ni vieramos con patriotica indignacion y noble rabia tantos trofeos españoles, y tantas vanderas adornar los muros de esta Capital; ni tantas viudas, tantos huerfanos y tantas calamidades; enfin ninguno de los innumerables males que todos, todos hemos padecido; y al volver V. M. al trono (como hubiera vuelto del mismo modo por el concurso de las ultimas circunstancias, que pudieran mui bien haber ocurrido sin la resistencia de España), habria hallado la nacion intacta, floreciente, y mas digna del aprecio de un corazon sensible y virtuoso, y de un Rey amante de la verdadera felicidad de los pueblos, que no consiste en ser destruidos como Numancia, Sagunto, Zaragoza, San Sebastian, y otros infinitos.

A pesar de todo esto, y de las calidades de un Monarca, á quien el Duque de San Carlos, Don Juan de Escoiquiz, Don Pedro Macanaz, y todos los criados de V. M. y de los Infantes Don Carlos y Don Antonio, llama-

maient *juste, humain et grand sous tous les rapports* dans l'acte de fidélité et le serment qu'ils lui adressèrent sous la date du 22 juin 1810 (1), nous n'avons pas hésité à céder au vœu général de la nation , quand nous avons cru que son bonheur dépendait du retour de V. M. Ce bonheur se serait sans doute effectué sur-le-champ, si la faction qui entoure V. M. n'eût pas persécuté les hommes libéraux et les royalistes constitutionnels réfugiés en France ; l'Espagne ne se verrait pas privée de ses enfans les plus distingués par leurs talens ; tous se seraient réunis pour faire le bien en frères et en oubliant leurs sujets de plaintes réciproques. La nation jouirait déjà du bonheur de ne pas avoir des gazettes comme *l'Atalaya de la Mancha* (2), le *Procurador général*, des chefs despotes et sanguinaires, comme Vilariezo, et une foule d'autres mesures qui lui font beaucoup de mal, et Votre Majesté se trouverait beaucoup plus heureuse d'avoir pardonné à ceux qui l'ont offensée que de les châtier avec tant de rigueur.

----

(1) *Voyez* la Pièce justificative, N.° X.

(2) La Vedette de la Manche.

ron *justo, humano y grande bajo todos
aspectos,* en el acto de fidelidad que le dirigieron con fecha de 22 de junio de 1808 (1),
no han podido impedirnos el ceder á la conveniencia general de la Nacion, quando hemos creido que dependia del regreso de
V. M. á España.... Esta conveniencia hubiera sin duda resultado inmediatamente,
y si la faccion que rodea á V. M. no hubiese
perseguido á los liberales y á los realistas
constitucionales refugiados en Francia, no se
vería la España pribada de lo mas florido
de sus talentos, se hubieran ocupado todos
en hacer el bien, en unirse, en abrazarse cordialmente, como hermanos, y en olvidar sus
reciprocas quejas. Tendria yá la Nacion la
fortuna de que no hubiese *Atalayas de la
Mancha, Procuradores generales,* xefes
despotas y sanguinarios, como Villariezo, y
otras infinitas circunstancias que le hacen
muchisimo mal, y V. M. seria mas feliz,
habiendo perdonado á los que le hubiesen
ofendido, que castigandolos con tanto rigor.

---

(1) *Vease* el Documento, N.º 10.

Votre Majesté était d'autant plus tenue à cette clémence, que les Espagnols étaient plus abandonnés, depuis son entrée en France, et comme tous n'ont pu connaître la volonté souveraine de Votre Majesté pour obéir au Roi Joseph, les ministres actuels de Votre Majesté auraient dû être moins sévères envers ceux qui ont suivi une opinion différente, et se contenter de corriger quelques erreurs sans vouloir les punir comme des crimes. *Pourquoi n'ont-ils pas imité l'exemple généreux et magnanime de Louis XVIII? Qui plus que ce monarque a eu à oublier et à pardonner?... Cependant il a jeté un voile de clémence sur le passé, et aucun acte de vengeance ne viendra dégrader sa brillante carrière!*

Pour ce qui nous regarde, si auparavant nous avons bien agi, nous n'avons pas moins rempli nos devoirs depuis, puisqu'à l'instant où nous avons vu que nous ne pouvions continuer à être *loyaux* qu'en reconnaissant, dans Votre Majesté, notre nouveau souverain (attendu que le traité de Valençey nous déliait de nos obligations envers le Roi Joseph), nous prêtâmes à Votre Majesté le serment de fidé-

A esta indulgencia estaba V. M. tanto mas obligado, quanto mas abandonados quedaron los Españoles por su entrada en Francia, y como no pudo llegar á conocimiento de todos la voluntad soberana de que obedeciesemos al Rey Don José I.º, debieran haber sido los ministros actuales de V.M., menos severos con los que siguieron otro rumbo, y contentarse de corregir algunas equivocaciones, sin empeñarse en castigar crimenes. *¿Por que no hán imitado el generoso y magnanimo exemplo de Luis XVIII? ¿Quien tenia mas de que prescindir y mas que perdonar? Sin embargo de ello todo lo ha olvidado, y ninguna venganza deslucirá su brillante memoria.*

En quanto á nosotros, si antes habiamos procedido bien, no llenamos menos despues nuestros deberes, pues en el momento en que vimos que no podiamos ser leales, si no reconociendo en V. M. el nuebo soberano nuestro, puesto que quedamos libres por el tratado de Valençey de las obligaciones que nos ligaban á Don José I.º, prestamos á V. M. el juramento de fidelidad.

lité. Ce même traité du 11 décembre 1813 nous assurait que par l'article 9, Votre Majesté avait promis que « tous les Espagnols qui ont
» été attachés au Roi Joseph et qui l'ont servi,
» dans les emplois civils, politiques et mili-
» taires, ou qui l'ont suivi, rentreraient dans
» les honneurs, droits et prérogatives dont ils
» jouissaient, et que tous les biens dont ils
» auraient été privés leur seraient restitués. »
Cette promesse royale, qui devoit être inviolable (puisque son infraction ne saurait être justifiée par aucun principe de morale, de politique, de nécessité ou de convenance), était d'accord avec les principes généraux et justes adoptés par toutes les puissances de l'Europe, pour terminer la guerre et mettre un terme aux maux et aux réactions dont elle a été la source.

Votre Majesté a trouvé ce traité si juste et si complet, qu'elle n'a pu s'empêcher d'en faire l'éloge dans la lettre avec laquelle elle l'a adressé à la régence le 8 décembre dernier (1), disant entre autres choses : « Qu'il ne contenait aucun

---

(1) *Voyez* les Pièces justificatives, N.º XI.

» article

Este mismo tratado de 11 de diciembre de 1813, nos aseguraba que V. M. habia prometido por el articulo 9 : « Que todos los » Españoles que se habian unido al Rey » José, y que le han servido en empleos » civiles, politicos y militares, ó que le han » seguido, serán reintegrados en los hono- » res, derechos y prerrogativas que gozaban, » y que todos los bienes de que hubiesen » sido pribados, les serán devueltos ».

Esta promesa real , que debiera ser inviolable (pues no puede fundarse en principio alguno de politica ni de moral la necesidad, ni la conveniencia de infringirla), estaba acorde con los principios generales y justos adoptados por todos los Principes de la Europa para terminar la guerra y todas las reacciones y males que ha causado.

V. M. hallaba este tratado tan justo y completo, que no pudo menos de hacer un elogio de él, en la carta conque lo dirigió á la Regencia en 8 de diciembre ultimo, y que acompaña con el n.º 11 , diciendo entre otras cosas : « Que no tenia clausula alguna

» article qui ne fût conforme à l'honneur, à la
» gloire et à l'intérêt de la Nation espagnole ».

En effet, Sire, par ce traité, les Espagnols avaient le bonheur de voir Votre Majesté rétablie sur le trône, et restituer toutes les places qui étaient encore occupées par les troupes françaises, conditions qui furent scrupuleusement remplies avant que la dynastie des Bourbons fût rétablie sur le trône de la France, à l'exception seulement de cette partie du traité qui favorisait douze mille familles honnêtes, vertueuses, fidèles, constantes et dignes en tout de la promesse que Votre Majesté leur faisait, et des garanties qu'elle leur accordait. La supposition, que Votre Majesté ait été forcée à contracter ces obligations, et qu'elles ne sont pas valides, est non seulement fausse, mais encore indigne de l'ame royale de Votre Majesté, que personne ne doit jamais croire capable de faiblesse ou de pusillanimité, excepté ces téméraires qui ont eu l'audace de traiter Votre Majesté avec peu d'égards, et qui devinrent bientôt les victimes de leur imprudente résistance à l'exécution du traité de Valençey.

D'ailleurs, il y a un principe immuable de politique sanctionné par les publicistes, c'est

« que no fuese conforme al honor, á la glo-
» ria y al interes de la Nacion española ».

En efecto, Señor, por él tenian los Españoles la fortuna de ver à V. M. restablecido en el trono, y que se devolviesen todas
las plazas ocupadas todabia por las tropas
francesas ; cuyos empeños se cumplieron
religiosamente, antes de que ocupase la dinastia de los Borbones el trono de Francia ,
y solo está por cumplir la parte de este tratado que favorecia á 12 mil familias honradas,
virtuosas, fieles, conseqüentes y bien dignas
de la promesa que V. M. les hacia , y de
las garantias que les daba. Suponer que V.M.
fué forzado á contraer estos empeños, y
que no son validos, sobre ser falso , seria
indecoroso al real animo de V. M., que
nunca debió suponerse debil ni pusilanime,
sino por aquellos temerarios que se atrebie-
ron á tratarle con poco miramiento, y que
mui luégo fueron victimas de su imprudente
resistencia al cumplimento del tratado de
Valençey.

A mas de estas consideraciones es un principio inconcuso de politica, sancionado por

« qu'un traité, fût-il même signé par un tyran,
» doit être respecté par tout homme qui recon-
» naît un droit public, parce qu'en définitif,
» il y a moins de tyrannie à assujettir les
» peuples à des actes qui donnent la paix qu'à
» s'emparer de ces diplômes pour en déchirer
» les pages. »

Ce fut en conséquence de ces principes généreux, qu'on stipula dans le traité de paix, signé à Paris, le 30 mai de la présente année 1814; » que les hautes parties contrac-
» tantes voulant mettre dans un entier oubli
» les divisions qui ont agité l'Europe, décla-
» rent, et promettent que dans les pays res-
» titués et cédés par le présent traité, aucun
» individu, de quelque classe et condition qu'il
» soit, ne pourra être poursuivi, inquiété ou
» troublé dans sa propriété, sous aucun pré-
» texte, ou à cause de sa conduite ou opinion
» politique, ou de son attachement, soit à
« l'une des parties contractantes, soit à des
» gouvernemens qui ont cessé d'exister, ou
» pour toute autre raison, si ce n'est pour les

los publicistas, el de que: « Un tratado,
» aun quando hubiese sido firmado por
» un tirano, debe ser respetado por todo
» hombre que reconoce un derecho publico,
» por que al fin hay una tyrania menos
» manifiesta en conciliar los pueblos con
» actos que dán la paz, que en apoderarse
» de estos diplomas y rasgar sus paginas ».
Siguiendo estos y otros generosos principios,
estipularon en el tratado general de paz firmado en Paris el 30 de mayo de este año de
1814 : « Que las altas partes contratantes,
» queriendo hacer olvidar enteramente las
» divisiones que habian agitado á la Eu-
» ropa, declaran y prometen, que en los
» paises restituidos y cedidos por el pre-
» sente tratado, ningun individuo, de qual-
» quiera clase y condicion que fuere ,
» será perseguido, inquietado, ni atormen-
» tado en su propriedad, bajo pretexto al-
» guno, bien sea á causa de su conducta
» ú opinion politica, ó por su adhesion
» á qualquiera de las partes contratantes,
» ó los gobiernos que han dejado de existir,
» ó qualquiera otra razon, á no ser por las

» dettes contractées envers des individus, ou
» pour des actes postérieurs au présent traité ».

Dans la constitution sage et mémorable, que
S. M. le Roi de France vient de donner à la
Nation, il est dit : « Toutes les propriétés sont
» inviolables, sans aucune exception de celles
» qu'on appelle nationales, la loi ne mettant
» aucune différence entre elles » ; et « tou-
» tes recherches des opinions et votes émis
» jusqu'à la restauration sont interdites. Le
» même oubli est commandé aux tribunaux et
» aux citoyens ».

Le même Roi, Louis XVIII, confirma que
ces dispositions, éminemment justes autant que
politiques, s'étendaient à toutes les puissances
belligérantes, lorsqu'il dit aux corps de l'Etat :
« J'ai fait avec l'Autriche, la Russie, l'An-
» gleterre et la Prusse, une paix dans laquelle
» sont compris *leurs alliés, c'est-à-dire tous*
» *les princes de la chrétienté.* La guerre
» était universelle, la réconciliation l'est pa-
» reillement ».
Et comme on ne saurait douter que parmi les
princes de la chrétienté il faut compter le Roi

» deudas contraidas hacia particulares, ó por
» actos posteriores al presente decreto. »

En la sabia y memorable constitucion que
el Rey de Francia Luis XVIII acaba
de dar á la Nacion, se dice : « Todas las
» propiedades son inviolables, sin excepcion
» alguna de las que llaman nacionales, pues
» la ley no establece diferencia, y toda in-
» vestigacion sobre opiniones y votos emi-
» tidos hasta la restauracion, se prohiben,
» mandando tener el mismo olvido á los tri-
» bunales que á los ciudadanos ».

El propio Rey Luis XVIII confirmó que
estas disposiciones justas y eminentemente
politicas alcanzaban á todas las potencias
beligerantes, quando dijo á los cuerpos del
Estado : « Yo he hecho con el Austria, la
» Rusia, la Ynglaterra y la Prusia, una paz
» en la qual están comprendidos sus alia-
» dos, esto es todos los Principes de la cris-
» tiandad. La guerra era universal; la recon-
» ciliacion lo es igualmente ».

Y como no puede dudarse que entre los
Principes de la cristiandad debe contarse el
de España, á pesar de que tenga la desgracia

d'Espagne, quoiqu'il ait le malheur de se servir d'hommes qui ne savent pas pardonner, même lorsque cela fut nécessaire, qui sont dépourvus de la première vertu d'un chrétien, la charité, ainsi que le prouvent le procédé barbare de Villariezo, la circulaire du 30 mai, et les vociférations des papiers publics, nous avons dû nous considérer comme étant compris dans la réconciliation universelle.

Ainsi, voyant réunis tant de motifs de sécurité en faveur de ceux qui ont suivi le noble parti du Roi Joseph, lequel d'entre nous pouvait craindre ou présumer ce qui est arrivé? Et qui pourra nous disputer nos droits à l'accomplissement de promesses aussi sacrées et à la conservation des honneurs, emplois, prérogatives et biens dont nous jouissions? De là vient la raison fondée que j'ai pour me considérer, tel que je le suis, non pas précisément pour l'importance que mon ambition attache à conserver ces avantages, mais pour la satisfaction que j'éprouve de les avoir méritées, et de voir que la parole royale de Votre Majesté est engagée pour me les garantir. L'expérience, Sire, m'a guéri complètement de mon attache-

de servirse de hombres que no saben perdonar, aun quando fuese necesario, ni poseen la primera virtud del cristianismo, qual es la caridad, como lo acredita la accion de Villariezo, la circular de 30 mayo, y los furores de los papeles publicos, debimos considerarnos comprendidos en la *reconciliacion universal.*

Al ver, pues, reunidas tantas seguridades en favor de los que habian seguido el noble partido del Rey Don José I.° ¿ quien pudiera temer, ni presumir nada de lo que ha sucedido ? ¿ Quien podrá negarles sus derechos al cumplimiento de estas sagradas promesas, á la conservacion de sus honores, empleos, prerrogativas y bienes que gozaban ? De aqui se sigue la fundada razon que tengo para considerarme lo que en efecto soy, por tantos titulos legales, y no tanto precisamente por el empeño que ponga mi ambicion en conservarlo, quanto por el gusto racional que tengo en haberlo merecido, y en ver empeñada la palabra real de V.M. en garantirmelo. La experiencia, Señor, me ha curado radicalmente de mi aficion á los

ment aux emplois publics, parce que généralement l'ingratitude est la récompense du plus pur
patriotisme, et des sacrifices les plus généreux.

Me reposant, avec confiance, sur cette parole
royale, et rassuré plus complètement encore
par le sentiment d'avoir tenu une conduite honorable, et d'avoir mérité l'approbation de
Votre Majesté par les efforts que j'ai faits pour
soutenir les droits et la dignité de la monarchie,
je me suis réjoui sincèrement du retour de
Votre Majesté au trône de ses pères, et je n'ai
pas dû redouter un tel événement, puisque ma
conscience était pure, mon honneur sans tache,
et que mes devoirs étaient remplis.

A l'instant j'adressai à Votre Majesté mon
acte de soumission et de respect, lequel n'est
peut-être pas arrivé jusqu'à elle, parce que
la plupart des personnes qui l'entourent ont
un intérêt évident à l'égarer, en lui laissant ignorer les sentimens qui animent nos
cœurs loyaux et nobles. C'est ainsi que V. M.
ignorera peut-être encore que c'est pendant
que les Espagnols royalistes constitutionnels,
réfugiés en France, célébraient la fête de V. M.
par des démonstrations de joie, par des éloges
publics, par des actes de bienfaisance, par des

empleos publicos , pues la ingratitud suele ser el premio del mas puro patriotismo, y de los sacrificios mas generosos.

Asegurado yo en dichas promesas, y satisfecho por otra parte de que mi conducta ha sido honrosa , y de que mis esfuerzos por sostener los derechos y el decoro de la Monarquia constitucional habian sido gratos á V. M., celebré su exáltacion al trono, y no podia temer cosa alguna de este suceso , quando mi conciencia estaba pura , mi honor intacto, y mis deberes satifechos.

Al momento dirigí á V. M. el acto de sumision y respeto , que tal vez no habrá llegado á su noticia , por que la mayor parte de las personas que le rodean tienen un interes conocido en sorprender su animo, y en ocultarle los sentimientos de nuestros nobles y leales corazones. Asi es que ignorará todabia V. M., que mientras que para celebrar el dia de San Fernando , los Españoles realistas constitutionales refugiados en Francia hacian demostraciones de contento, predicando elogios de V. M. unos, haciendo actos de beneficencia otros,

réunions et des toals , qu'un de vos ministres récompensait leur zèle et leur affection par la publication de cette redoutable circulaire qui a fait le malheur de plus de douze mille familles , de leurs parens , de leurs amis et de tous les gens de bien de la monarchie espagnole.

Mais moi , qui veux faire retentir à l'oreille de mon souverain , non seulement les preuves de ma loyauté , mais encore mes vives clameurs contre l'injustice de ses sujets , j'ai résolu de faire imprimer cet écrit , qui pourra , peut-être par ce moyen, pénétrer jusqu'au sanctuaire du monarque (auprès duquel toutes les autres voies me sont fermées); je pourrai en même temps prouver ainsi au peuple espagnol , comme Castillan, et à l'Europe , comme homme public, que je ne mérite pas les calomnies qui ont été dirigées contre moi , ni les épithètes de *déloyal*, de *traître* et d'autres avec lesquelles on veut m'insulter , et pour lesquelles on veut me punir sans m'entendre. Votre Majesté est elle-même vivement intéressée à ce que les Espagnols, qui paraissent criminels, soient trouvés innocens des récriminations gratuites qu'on leur

y aumentando muchos su placer en convites
y brindis alegrisimos, uno de los ministros de **V. M.** recompensaba estas finezas,
publicando esa espantosa circular, que ha
hecho infelices á mas de 12 mil familias, á
sus parientes, á sus amigos, y á todos los
hombres de bien de la Monarquia española.

Pero yo que quiero lleguen á los oidos
de mi soberano, no solo las pruebas de mi
lealtad, sino mis vivos clamores contra la
injusticia de sus subditos, he determinado
imprimir este escrito, pues de este modo
podrá tal vez penetrar el santuario del Monarca, que me està cerrado absolutamente por
todas las demas vias, y yo podré dar satisfaccion al pueblo español, como Castellano, y á
la Europa entera, como hombre publico, de
que no soy acreedor á las calumnias que
contra mi se hayan esparcido, ni á los epitetos de *traidor, desleal* y otros, con que
se me insulta, y aun castiga sin oirseme.
V. M. tiene un grande interes tambien en
que los españoles que parecen criminales
no lo sean, que se justifiquen de las gratui-
tas recriminaciones que les hacen, y en

fait ; et enfin, à ce que tant de familles se lavent des taches par lesquelles on cherche à obscurcir leur loyauté et leur gloire.

Nous crûmes que la véritable époque de la grandeur de l'Espagne était arrivée, lorsque Votre Majesté dit dans son décret du 4 mai (1):
« Je vous jure et vous promets à vous autres
» vrais et *loyaux* Espagnols, en même temps
» que je compatis aux maux que vous avez
» soufferts, que vous ne serez pas trompés dans
» vos nobles espérances. Votre souverain veut
» l'être pour vous, il fait consister sa gloire à
» l'être d'une nation héroïque qui, par ses faits
» immortels, a commandé l'admiration de tous
» et conservé sa *liberté* et son *honneur. Je hais*
» *et je déteste le despotisme* ; il est incompa-
» tible avec les lumières et la civilisation des
» nations de l'Europe ».

Qu'il me soit permis de dire, Sire, qu'entre ces *loyaux* Espagnols je devais me compter moi-même, ainsi que tous ceux qui, par ordre de Votre Majesté et par celui de son auguste Père, ont obéi au Roi Joseph 1er., et lorsque

____

(1) *Voyez* la Pièce justificative, N.º XII.

que tantas familias se laben de las negras manchas que pretenden obscurecer su *leal-tad* y su *gloria*.

Creiamos que habia llegado la verdadera epoca de la grandeza de España,quando V. M. dijo en su decreto de 4 mayo, que acompaña con el n.º 12 : « Yo os juro y prometo á
» vosotros, verdaderos y *leales españoles*,
» al mismo tiempo que me compadezco de
» los males que habeis sufrido, no quedareis
» defraudados en vuestras nobles esperanzas.
» Vuestro soberano quiere serlo para voso-
» tros, y en esto coloca su gloria,en serlo de
» una Nacion heroyca, que con hechos in-
» mortales se ha grangeado la admiracion
» de todas, y conservado *su libertad y*
» *su honra. Aborrezco y detesto el*
» *despotismo : ni las luces y cultura*
» *de las naciones de Europa lo sufren*
« *yá* » . . . . .
Seame licito decir , Señor , que entre estos *leales* españoles debi yo contarme, y á todos los que obedecièron por orden de V. M. y de su augusto padre al Rey Don Jose I.º, y que diciendo V. M. mismo que

Votre Majesté dit elle-même, que la Nation avait conservé *sa liberté et son honneur,* je ne pensais pas que le mien et celui de mon épouse et de mes enfans pussent être exposés au caprice d'un ministre injuste ou d'un capitaine général exalté. *Votre Majesté haïssant et détestant le despotisme,* je ne pouvais m'imaginer qu'aucun de ses sujets fût assez audacieux pour oser l'exercer, et je me reposais tranquillement dans la sécurité d'une conscience pure et de promesses royales aussi brillantes. La plus flatteuse de toutes pour un bon Espagnol (et je me fais gloire de l'être), était cette constitution que Votre Majesté annonçait, et la réunion de nouveaux Cortés pour cimenter notre charte *selon les lumières et la civilisation des nations de l'Europe....*

Mais, Sire, au lieu de ces bienfaits, nous vîmes paraître l'étonnante circulaire du 30 mai (1), et ma douleur et ma surprise ne sauraient être comparées qu'à l'abîme de maux dans lequel elle nous plonge, et aux dispositions extraordinaires qu'elle renferme; tout son contenu est en contradiction absolue avec le décret de Votre Majesté du 4 du même mois.

---

(1) *Voyez* la Pièce justificative, N.° XIII.

Nous

la nacion habia conserbado *su libertad* y *su honra*, no crei yo. ver expuesta la mia y la de mi muger y familia al variable capricho de un ministro furibundo, ó de un capitan general exàsperado. *Aborreciendo y detestando V. M. el despotismo* no podia imaginar que ninguno de sus subditos fuese osado á exercitarlo, y reposaba tranquilo entre la seguridad de mi conciencia y tan brillantes y regias promesas. La mas lisongera de todas estas para un buen Español, como me glorio de serlo, era la constitucion liberal que V. M. anunciaba, y la reunion de nuevas cortes para que se cimentase nuestra carta en *las luces y la cultura de las naciones de Europa.*

Pero, Señor, apareció esa tremenda circular del 3o de mayo, que acompaña con el n.º 13, y mi sorpresa, y mi dolor no pueden compararse, sino con el cumulo de males en que nos envuelve, y con las disposiciones extraordinarias que contiene, pues toda ella es una contradiccion absoluta del decreto de V. M. de 4 mayo.

Nous appeler *déloyaux*, et *bons* ceux qui nous persécutent, est le comble de l'audace à laquelle un ministre prévaricateur de Votre Majesté peut se porter! Moi *déloyal*, après le compte que j'ai rendu de ma conduite! Ni Votre Majesté ne le croit, ni l'Espagne ne le pense, ni l'Europe ne le conçoit.

Si Votre Majesté traite de démocrates, de séditieux, de révolutionnaires, d'impudens et d'ennemis déclarés de sa personne, ceux qui composaient les Cortés, et les juge dignes d'être dépouillés de l'autorité qu'ils avaient usurpée, qui pourra s'imaginer que ceux qui ont tenu une conduite opposée, et se sont toujours conformés aux intentions de Votre Majesté, puissent avoir encouru son mécontentement, son indignation et les anathèmes que lance contre eux un ministre sans frein et sans humanité? Ils ne se souviennent déjà plus que le 12 mai 1808, Votre Majesté nous disait avec les Infans Don Carlos et Don Antonio, « que » notre empressement à nous conformer à ses » dispositions, serait le meilleur témoignage » de notre loyauté ». Nous reposant sur cette

Llamarnos *desleales* á nosotros y *buenos* á los que nos persiguen es á quanto puede llevar un *mal* ministro de V. M. su audacia y ceguedad. ¿Yo *desleal*, despues de la narracion que queda hecha de mi conducta?.... Ni V. M. lo cree, ni la España lo piensa, ni la Europa lo discurre.

Si V. M. trata de democratas, de sediciosos, de revolucionarios, de impudentes y enemigos declarados suyos á los que formaban las cortes, y dignos enfin de despojarles de la autoridad que le habian usurpado ¿quien podria imaginar que los que habian tenido una conducta opuesta, y conformadose siempre con las intenciones de V. M., fuesen merecedores de su desagrado, de su indignacion y de los anatemas que lanza contra ellos un ministerio desenfrenado?.... No se acuerdan ya de que nos dijo V. M. en 12 de mayo de 1808, con los Infantes Don Cárlos y Don Antonio, que « el apresurarnos á conformarnos con sus disposiciones seria el » mayor testimonio de nuestra *lealtad* »?.... Afianzados en este precepto ¿quando hemos

parole royale , quand l'avons - nous trahie ? Quand avons-nous mérité d'être traités comme des *traîtres* et des *déloyaux* » ?

Et ceux qu'on apppelle les *bons* et qui se sont montrés si perfidement *méchans* envers nous , qui sont-ils, et où sont-ils ? Je le sais , Sire, et je les désignerai. Ces *bons* sont ces hommes qui redoutent de voir le mérite protégé ; qui tremblent à la seule pensée d'avoir pour concurrens dans les emplois dont ils se sont emparés , des personnes de la classe et des qualités qui distinguent généralement ceux qui ont suivi le parti de la monarchie , en embrassant celui du Roi Joseph Ier. Ces *bons*, Sire, ont déjà donné à Votre Majesté de très - mauvais conseils ; et quoiqu'il s'en trouve de tels qui aient le courage de dire qu'*il n'y a pas à présent de nation plus heureuse que l'Espagnole*, tout le monde sait qu'il n'en est aucune qui compte un plus grand nombre de proscrits, d'infortunés, de mécontens, et par conséquent qu'il n'en est aucune plus malheureuse.

La Reine, madame mère de Votre Majesté,

faltado á ella? ¿ Quando hemos merecido ser tratados como *traydores y desleales?*

? Y esos *buenos*, que tan pérfidamente *malos* se han vuelto para nosotros ¿quienes son, y donde estan? Yo lo sé, Señor: yo se los designaré á V. M. Esos *buenos* son los hombres de poco valer, que se deslumbran quando ven el merito protegido, y que tiemblan de solo pensar que pueden tener concurrentes para los empleos de que se han apoderado, de la clase y circunstancias que adornan generalmente á los que siguieron la causa de la Monarquia con el Rey Don José I.º

Esos *buenos*, Señor, han aconsejado yá á V. M. muchos *males*, y á pesar de haber quien se atreve á decir *que no hay nacion mas feliz en el dia que la Española*, todo el orbe sabe que no hay ninguna que cuente mas proscriptos, mas desgraciados, mas descontentos y mas miserables, y por lo tanto que no hay ninguna mas infeliz.

La Reyna nuestra Señora, madre de

connaissait bien ces *bons*, lorsqu'en 1808 elle
écrivait au grand duc de Berg : « Ses conseillers
» sont sanguinaires, ils se plaisent à faire des
» malheureux, et ne *sentent à cœur ni père*
» *ni mère* , ils veulent nous faire tout le mal
» possible ». Ailleurs, Sa Majesté disait : Mon
« fils est dirigé par de mauvais sujets » , et
dans un autre endroit : « Les personnes qui
» accompagnent l'Infant Don Carlos sont des
» méchans. (1) ».

Tels sont les hommes *bons* dans l'idiome
de la perversité ; mais ce sont des méchans,
horriblement méchans, dans le langage de la
raison, de la justice, de l'Europe entière et de
deux millions d'Espagnols, véritablement *bons*
et pleins d'honneur, qui se voyent persécutés
par ces hommes *sanguinaires* et *malins* ; car
plus de deux millions d'Espagnols ont prêté,
sans difficulté, le serment de fidélité à ce roi
qu'on s'efforce vainement d'appeler *intrus*,

____

(1) *Voyez* le Moniteur du 5 février 1810, N.° 36.

V. M. conocia mui bien á esos *buenos* quando dijo de ellos, escribiendo al Gran Duque de Berg, en 1808 : « Sus conseje- » ros son *sanguinarios;* se complacen en » hacer desdichados; ni de sus mismos pa- » dres tendrian campasion y nos quieren » hacer todo el mal posible ». En otra » parte decia S. M. : « Mi hijo está diri- » gido por *malos sugetos* » : y en otra manifestó : « que las personas que acom- » pañaban al Infante Don Carlos eran *ma- » lignas* (1) ».

Estos son los hombres *buenos* en el idioma de la perversidad; pero son los *ma- los, los horriblemente malos* en el idio- ma de la razon, de la justicia, de la Europa toda, y el de dos millones de Españoles, *buenos* realmente y honradísimos, que se ven maltratar por esos *sanguinarios y mali- gnos,* pues mas de dos millones de Espa- ñoles han prestado sin disputa el juramento de fidelidad á ese Rey, que se esfuerzan en vano à llamar *intruso,* quando actos tan

---

(1) *Vease* el Monitor, N.º 56 de 5 de feb.º de 1810.

tandis que des actes aussi solennels que positifs prouvent le contraire.

La justice de Votre Majesté ne tardera pas à traiter ces hommes *bons* selon leur mérite, et à classer chacun dans le rang qui lui appartient. Mais en attendant, Sire, puisqu'ils nous insultent, sans vouloir nous entendre ; qu'ils ne nous permettent pas de nous défendre ; qu'ils aggravent nos maux, en se permettant de nous juger, et de renverser ainsi le droit le plus sacré de l'homme, il doit nous être permis de nous défendre par l'unique moyen qu'ils nous laissent, et de paraître tels que nous avons été véritablement, non seulement aux yeux de Votre Majesté, mais à ceux du monde entier qui nous contemple.

L'Europe nous a jugés jusqu'à présent sur deux pièces également remplies d'impostures et d'absurdités : le manifeste du ministre Cevallos, publié en 1808, et celui des Cortès, de 1814. Quant au premier, le ministre Cevallos n'a pu le signer sans se rendre coupable de la plus noire ingratitude ; et disant quelques vérités agréables aux ennemis de Napoléon, il a fait beau-

positivos y solemnes acreditan lo contrario.

La justificacion de V. M. dará pronto lo que merecen á esos hombres *buenos*, y clasificará á cada qual en el lugar que le corresponde; mas entretanto, Señor, yá que nos insultan; yá que no quieren ni oirnos; yá que no nos permiten defendernos; y yá que agraban nuestros males, tomandose la libertad de juzgarnos, y atropellando asi el mas sagrado de los derechos del hombre, licito será defendernos por el unico medio que nos dejan, y aparecer qual hemos sido verdaderamente, no solo á los ojos de V. M., sino á los del mundo entero que nos está mirando.

La Europa nos ha juzgado hasta ahora por dos piezas, igualmente llenas de imposturas y de despropositos : el manifiesto del ministro Cevallos, publicado en 1808, y el de las cortes de febrero de 1814. En quanto al primero, el ministro Cevallos no ha podido firmarlo sin incurrir en la mas negra ingratitud, y diciendo algunas verdades, que por ser agradables á los enemigos de Napoleon han hecho mucho ruido, ha

coup de bruit et gagné une réputation colos-ale, qui durera seulement le temps qu'on tardera à montrer le revers de la médaille, par la publication d'autres vérités non moins importantes, et qui ne seront pas si agréables au ministre doublement apostat.

Aucun de nous n'a cru qu'il fût nécessaire de répondre à d'aussi ridicules accusations; et par notre amour pour la tranquillité de notre patrie, par l'espoir que le ministère espagnol imiterait la conduite politique, libérale et juste de tous les cabinets de l'Europe, et sur-tout par respect pour Votre Majesté, nous avions condamné notre juste ressentiment au silence. Votre Majesté, en détruisant les Cortès, a répondu pour nous à toutes les insultes qui nous ont été faites, et moi je réponds, sans le vouloir, aux impostures et aux réticences mystérieuses du ministre Cevallos, par les pièces justificatives qui accompagnent cet écrit, en même temps que je détruis tout cet édifice d'invectives, d'in-

ocultado otras infinitas, que no habrian favorecido. tanto en la opinion publica al mismo Cevallos, y se ha dado una importancia y una superioridad que no tardarán en venir al suelo, asi que se presente el reves de la medalla, y se descubra la doble apostasia de este ministro.

Ninguno de nosotros ha creido necesario responder á las ridiculas acusaciones, conque se nos ha querido denigrar y por amor á la tranquilidad de nuestra patria, y por la confianza de que el ministerio español seguiria la conducta politica, liberal y justa de todos los gabinetes de la Europa, y sobre todo por respeto á V. M., habiamos sofocado nuestros justos resentimientos en un noble silencio. Destruyendo V. M. las cortes ha respondido por nosotros á todos los insultos con que nos han tratado, y presentando yo las piezas justificativas que acompañan á este escrito, he respondido, aunque no de intento, á las falsedades, y misteriosas reticencias del ministro Cevallos; al mismo tiempo que he destruido todo ese edificio de invectibas, de insultos, de

sultes et d'injures que les factions ennemies avaient fondé sur d'audacieux mensonges, et sur l'injustice la plus perfide et la plus criminelle.

Mais cela ne suffit pas, Sire; l'un et l'autre de ces deux manifestes seront réfutés en détail; et puisque non seulement nous sommes chassés de notre patrie, dépouillés de nos biens et de nos honneurs, et privés du droit de parler, et même de la compassion de nos compatriotes, mais que nous avons encore le malheur de voir nos innocentes et malheureuses familles exposées à la tyrannie du capitaine général Villariezo et d'autres de son *espèce*, nous défendrons notre honneur jusqu'à la dernière extrémité, jusqu'au dernier soupir.

Pour autoriser les atrocités que l'envie et l'ambition exercent contre nous, ils vous disent, Sire, que la nation nous déteste. Depuis quand cette aversion a-t-elle commencé, s'il est vrai qu'elle existe? Depuis que les démagogues nous ont désignés à la haine publique, afin qu'étant occupée à nous poursuivre, elle les laissât suivre en paix leurs combinaisons mal concertées, et depuis que la circulaire du 30 mai est venue

improperios que habian fundado nuestras facciones enemigas en la impostura, y en la mas perfida y criminal injusticia.

Pero no basta, Señor; uno y otro manifiesto serán refutados detenidamente, y pues que pribados de nuestra patria; de nuestros bienes; de nuestros honores; del derecho de hablar, y hasta de la compasion de nuestros conciudadanos, tenemos tambien la desgracia de ver nuestras respetables é inocentes familias, expuestas á la tirania del capitan general Villariezo, y de otros *tales*, defenderémos nuestro honor hasta el ultimo extremo, y el ultimo suspiro.

Para autorizar las atrocidades que la envidia, y la ambicion exercen contra nosotros, dicen á V. M. que la nacion nos detesta. ?De quando acá es esa ogeriza, si es que existe? Desde que los demagogos nos designaron á la indignacion publica para que ocupada en perseguirnos los dejase impunes seguir sus convinaciones disparatadas, y desde que la circular de 3o de mayo ha

empirer notre sort et exciter les fureurs mal assoupies de la populace. Avant l'entrée de Votre Majesté en Espagne, il y avait des feuilles publiques qui parlaient mal de nous, mais il y en avait d'autres qui nous défendaient ; mais à présent on ne laisse imprimer que celles qui nous outragent. Donc c'est l'ouvrage d'une cabale.

L'aversion que le capitaine général Villariezo a dit qu'avait contre moi le peuple de Madrid (et par contre-coup contre ma femme), est une supposition de sa part ; mais quand elle serait réelle, il devrait laisser mon épouse en souffrir les effets, puisque je ne l'ai pas nommé, ni ne le nommerai jamais tuteur et curateur de ma famille. Cette aversion lui appartient toute entière, et peut-être à quelqu'un de ses satellites, auquel il pourra l'avoir transmise ; mais étant de fort peu de valeur pour l'opinion publique, elle est très-honorable pour moi, comme je l'ai dit ; et, pour que de *tels* hommes pussent me dégrader en m'appréciant, il fallait que je ressemblasse au rédacteur de l'Atalaya de la Manche et à ses pareils. La preuve que

empeorado todabia nuestra suerte, excitando los furores no calmados de la plebe. Antes de que entrase V. M. en España, habia algunos periodicos que hablaban mal de nosotros, pero tambien los habia que nos defendian; ahora solo se dejan imprimir los que nos ultrajan : luego esta es la obra de una cabala.

La odiosidad que ha dicho el capitan general Villariezo me tienen en Madrid (y por concomitancia á mi muger), es una suposicion de su parte; pero aun quando fuese cierta, debiera dejar á mi esposa sufrir los efectos de ella, pues yo no le he nombrado, ni nombraré nunca, por tutor y curador de mi familia. La odiosidad es suya, y tal vez de algun otro de sus satelites, á quien él se la habrá comunicado; pero sobre ser de mui poco valor para la opinion publica, en la mia es mui honrosa, vuelvo á repetir; y para que *tales* hombres me apreciasen, era menester que tubiese la desgracia de parecerme al redactor de la Atalaya de la Mancha y sus semejantes. La prueba de esta suposicion es

cette aversion est supposée, est bien facile à donner, quand par aucun acte public, elle n'a pas pesé sur ma maison dans des temps si anarchiques, et tandis que beaucoup d'autres ont été insultées. N'ayant rempli à Madrid aucune charge du Roi Joseph I.er, je n'ai pu me faire abhorrer. La qualité de membre de la section de l'intérieur du conseil d'état, et mes occupations dans des objets d'utilité publique, sont bien loin d'être des motifs pour me faire détester. Les actions véritablement bienfaisantes sont de tous les temps et de tous les gouvernemens, excepté de ceux où tous les élémens de l'ordre sont bouleversés, et qui ont appelé *mauvais* ce qui est *bon*, et *bon* ce qui est *mauvais*.

L'action de désarmer et d'arrêter un dragon pris de vin, qui, un Vendredi-Saint, insultait les prêtres et les femmes, et effrayait la foule le sabre à la main, dans la rue de la Montera, un peu avant le passage de la procession, non seulement n'a pu me faire haïr, mais au contraire m'attira l'estime et la reconnaissance du peuple, qu'il manifesta par des

facil , quando ningun acto publico ha de-
mostrado contra mi casa semejante odiosidad en tiempos tan revueltos ; y al paso
que las de otros fueron insultadas , la mia
jamás lo ha sido. No habiendo tenido en
Madrid cargo alguno del Rey José I.º , no
he podido hacerme aborrecer. La calidad
de ser individuo de la seccion de lo inte-
rior del consejo de Estado , y el ocuparme
en objetos de utilidad publica , no es un
motivo para que me abominen , sino para
todo lo contrario. Las obras verdaderamente
beneficas son de todos los tiempos y de
todos los gobiernos , á excepcion de aquellos en que , trastornandose los elementos del
orden , se llama *malo* á lo *bueno*, y *bueno*
á lo *malo*.

El haber desarmado y arrestado á un
dragon ebrio, que, un dia de Viernes-Santo,
insultaba á los curas y á las mugeres , y
aterraba con su sable desnudo, en la calle
de la Montera , poco antes de pasar la
procesion, no solo ne me pudo hacer
odiar, sino que al contrario me atrajo la
estimacion y la gratitud del pueblo, que

vivat et des applaudissemens, pour avoir rendu
ce faible service au public , n'étant pas armé,
et à la vue de beaucoup de personnes qui ne
voulaient pas se compromettre.

La circonstance d'être entré deux fois à
Madrid, quand l'ennemi y était encore , mais
sans offenser personne , et conduit seulement
par l'intérêt que ma famille m'inspirait dans
des momens si critiques, ne peut non plus
m'avoir valu l'aversion publique , puisque
personne ne méprise l'homme qui s'expose aux
dangers sans faire aucun mal , et avec le seul
désir de faire tout le bien possible. J'en dis
autant de ma coutume de revenir de mes commissions presque seul, ou avec des escortes peu
considérables, me reposant sur ma conduite ,
sur la pureté de mes sentimens, sur l'affection
des peuples, et, si on le veut, sur mon étoile
ou mon bonheur accoutumé de me tirer heu-
reusement des dangers militaires. Tout ce
qu'on pourra avoir dit de moi dans ces circonstances, c'est que j'étais un *téméraire;* mais

se demostró con aplausos y vivas en aquel mismo instante, pues hice este pequeño servicio al publico, no teniendo yo arma alguna, y á la vista de infinitas personas que no se atrevian à comprometerse.

El haber entrado dos veces en Madrid, quando todabia estaba en poder de los enemigos, pero sin ofender á nadie, y llevado solo del interes laudable que en aquellos criticos instantes me inspiraba el peligro de mi familia, tampoco puede haberme engendrado la aversion publica, pues ninguno desprecia al hombre que se expone á los riesgos, sin hacer mal alguno, y con solo el fin de hacer el bien que pueda. Lo mismo digo de mi costumbre de regresar de mis comisiones, casi solo, ó con mui poca escolta, fiado en mi conducta, en la pureza de mis sentimientos, en el afecto de los pueblos, y, si se quiere, en mi estrella y costumbre de salir felizmente de los riesgos militares; y todo lo que han podido producirme estas acciones en la opinion publica ha sido el concepto de *teme-*

ces diverses actions ne m'ont point attiré l'*aversion* ou le *mépris* du peuple.

La mission, que je remplis, de reconnaître
tous les établissemens publics de Madrid, avec
un autre conseiller d'état, connu par ses talens,
son instruction et son zèle, et d'informer le
Roi de ce que nous croirions convenable pour
les conserver ou améliorer, ne peut encore être
un motif d'aversion, puisque personne n'a eu à
se plaindre de nous. On avait proposé les deux
couvens de *Salesas* et celui des *Comendadoras*, de *Saint-Jacques*, pour différens établissemens publics; nous les visitâmes dans cette
vue, et les religieuses, effrayées des conséquences que pourrait avoir cette reconnaissance,
furent traitées par nous avec la décence convenable à notre éducation et à leur sexe, et nous
leur assurâmes que, selon notre opinion, elles
seraient respectées. Nous tînmes parole, et
les religieuses restèrent tranquilles et reconnaissantes. S'il entrait dans mon caractère de
me faire un mérite de ma bienveillance et de
mes services en faveur de ces pauvres reli-

rario, mas no la *ogeriza* ni el *desprecio* popular.

El desempeñar la comision de reconocer el estado de todos los establecimientos pu- blicos de Madrid, en compañia de otro consejero, conocido por sus talentos, ins- truccion y zelo, é informar al Rey lo que creyesemos conveniente para su conserva- cion y fomento, tampoco puede ser un titulo de odiosidad, pues nadie tubo mo- tivo de quejarse de nosotros. Se habian propuesto los dos conventos de las Salesas, y el de las comendadoras de Santiago para diferentes establecimjentos publicos; los re- conocimos con este motivo, y asustadas las religiosas por las conseqüencias que pudiera tener esta visita, no solo las tratamos con el decoro propio de nuestra educacion y de- bido á su sexô, sino que las aseguramos que por nuestra parte no opinariamos se las in- comodara en lo mas minimo, y asi lo cum- plimos, quedando las religiosas tranqui- las y agradecidas. Si yo fuese capaz de hacer un merito de mis consideraciones y servicios en favor de las pobres Monjas,

gieuses, je citerais à Votre Majesté les couvens de Séville, d'Avila, d'Oropesa et de Talavère, lesquels ont des motifs pour m'avoir des obligations, mais particulièrement le dernier, auquel j'ai cédé beaucoup de fois le pain et les plats de ma table même, quand je savais que les religieuses manquaient de subsistances nécessaires. Mais je ne cite pas ces faits pour augmenter la force de mes raisonnemens. Un homme public devrait être honteux de ne pouvoir présenter d'autres titres à l'estime générale, et celui qui a fait faire des ensemencemens et des plantations, ouvrir des routes, élever des établissemens utiles, ériger des associations de bienfaisance, qui a épargné aux villes beaucoup de sacrifices, secouru des milliers de pauvres, et sauvé beaucoup de victimes, doit regarder comme une affaire de très-peu d'importance le bien qu'il a pu faire à quinze ou vingt couvens de religieuses, qui, pauvres par la misère générale que produisait la guerre, avaient le même droit que tout autre malheureux à la bienfaisance et aux considérations de ceux qui gouvernaient.

Mais sur quoi se fonde cette animosité populaire, en supposant pour un moment qu'elle soit certaine? sur ce que nous avons été dépeints

citaria á V. M. los conventos de Sevilla, Avila, Oropesa y Talavera, todos los quales tienen motivos de estarme agradecidos, y singularmente el ultimo, al qual cedi muchas veces el pan y los manjares de mi propia mesa, quando recíbia avisos de que carecian del alimento preciso. Pero yo no cito estos hechos para aumentar el poder de mis razones. Un hombre publico debiera avergonzarse de no poder presentar otros titulos al aprecio general, y él que ha fomentado siembras y plantios; abierto caminos, edificado establecimientos utiles, creado juntas de beneficencia, ahorrado á los pueblos muchos sacrificios, salvado infinitas victimas, y socorrido millares de pobres, debe considerar como un incidente de mui poca importancia, el bien que haya hecho á quince ó veinte conventos de religiosas, que como pobres, por la miseria general que producia la guerra, tenian el mismo derecho que qualquiera otro infeliz á la beneficencia y consideraciones de los que gobernaban.

Pero dado caso de que fuese cierta esta animosidad popular ¿ en que se fundaria?

auparavant comme des *traîtres*, et maintenant comme des *déloyaux* par les deux factions intéressées à nous persécuter. Le peuple, trompé par de telles accusations, a cru être juste en témoignant son horreur pour des crimes imaginaires qu'il croyait véritables; et poussé par cette licence révolutionnaire, qui ne saurait être approuvée par Votre Majesté, ni par le peuple lui-même, lorsque sa fureur vient à se calmer, il a commis des outrages et des désordres sans motifs, et immolé à son aveugle colère des hommes innocens que la justice seule avait le droit de juger.

L'auguste Père de Votre Majesté avait donc bien raison quand il vous adressait, Sire, les réflexions suivantes : « Songer à avoir recours » à des agitations populaires, c'est perdre l'Es- » pagne et conduire aux catastrophes les plus » horribles, vous, mon royaume, mes sujets » et ma famille (1) ».

Oui, Sire, ces craintes se sont réalisées, et les catastrophes ne sont pas encore à leur terme, parce que les *conseillers perfides* de Votre Ma-

---

(1) *Voyez* le Moniteur du 5 février 1810, N.° 36.

En que se nos ha pintado como *traydores*
antes, y como *desleales* ahora, por las
dos facciones interesadas en perseguirnos. El pueblo engañado por tales acusaciones ha creido ser justo, manifestando su
horror á unos crimenes imaginarios que
juzgaba positibos; y llevado por su licencia
revolucionaria, que ni V. M. puede aprobar,
ni el mismo pueblo aprueba, quando se
calman sus furores, ha cometido insultos,
atropellado sin causa, y enfin matado á
muchos hombres inocentes, que solo la justicia tiene derecho de juzgar.

¡ Que bien dijo á V. M. su augusto y
venerable padre quando le dirigió las siguientes reflexîones! « El pensar en recurrir
» á agitaciones populares es arruinar la Es-
» paña, y conducir á las catastrofes mas
» horrorosas á vos, á mi Reyno, á mis va-
» sallos y á mi familia (1) ».

Si, Señor, sus vaticinios se han realizado,
y todabia no se han terminado las catastrofes, porque todabia los *consejeros per-*

---

(1) *Vease* el Monitor, N.º 36 de 5 de feb.º de 1810.

jesté continuent encore à attiser les agitations populaires par leurs circulaires de proscription, par leurs mesures violentes et par ces gazettes incendiaires dans lesquelles, au nom d'un Dieu de paix et de clémence, on invoque des supplices et des bûchers pour extirper ceux qui ne sont pas du nombre de ces *bons* redoutables Dioclétiens. Dans une situation aussi terrible, Sire, nous pouvons nous écrier avec le Cacique, qu'on voulait convertir sur l'échafaud : « Que « nous aimons mieux périr avec les victimes » que vivre avec nos bourreaux... »

Mais non, ces bourreaux ne jouiront pas éternellement du succès avec lequel ils trompent le Roi d'Espagne, ni de l'impunité de leurs crimes. Puisque le malheur ne les a pas rendus humains, que l'expérience ne les a pas rendus sages, que l'exemple des grands hommes ne leur a pas appris à être généreux, et que leur conscience ne les rend pas justes, ni la religion indulgens, le Dieu d'Israël, ce Dieu qui ne laisse jamais les méchans impunis, qui détruisit Holopherne et Sennacherib, déchargera sur eux le bras de la justice, et délivrera de leurs serres

fidos de V. M. atizan las agitaciones populares con esas circulares de proscripcion,
con esas medidas de violencia, y con esas
gazetas incendiarias, donde en el sacrosanto
nombre de Dios se piden suplicios y hogueras para acabar con todos los que no
sean esos *buenos* espantosos Dioclecianos.
En tan terrible situacion, Señor, podemos
decir justamente con aquel Cacique á quien
querian convertir sobre el cadahalso : « Mas
» bien queremos perecer con las victimas,
» que vivir con nuestros verdugos ».

Pero no, no ; estos verdugos no han de
ser eternos, ni en su felicidad de engañar
al Rey de España, ni en la impunidad de
sus crimenes. Puesto que la desgracia no los
ha hecho humanos ; que la experiencia no
los hace cuerdos ; que los exemplos de los
hombres grandes no les han enseñado á ser
generosos y su propria conciencia no los hace
rectos, ni la religion indulgentes, el Dios
de Israel, el Dios que no deja impunes á
los perversos, y que confundió á Holofernes y á Senacherib, descargará sobre
ellos el brazo de su justicia, y librará de sus

les innocentes victimes qu'ils se plaisent à déchirer.

Le peuple espagnol, qu'on met en avant comme le prétexte du mal qu'on nous fait, connaîtra qu'il a été trompé ; il changera de conduite, et par une réaction terrible et plus sanguinaire que celles qui l'ont précédée, il tombera avec fureur sur nos assassins , si Votre Majesté ne se hâte de nous rendre justice avant qu'ils ne reçoivent la punition de leurs perfidies et de leurs impostures. Ils devraient ne pas oublier que ceux-mêmes qui, la veille, encensaient la constitution des Cortès, déchiraient et brûlaient ses lambeaux le lendemain.

'Mais, Sire, je nie qu'il existe dans le peuple cette indignation qu'on lui attribue, et qu'on veut faire accroire à Votre Majesté.... Le peuple espagnol est généreux, et ne saurait errer et persécuter que lorsqu'il est trompé. Je ne redoute pas sa colère, et je me présenterais à l'instant, avec la plus parfaite sécurité, au milieu des provinces dans lesquelles j'ai exercé mes commissions royales, sans craindre qu'aucune femme respectable ou non, vienne me reprocher une barbarie semblable à celle que le capitaine général Villariezo a commise envers

garras las victimas inocentes que ahora des-
pedazan.

El pueblo español que se pone por pretexto del mal que se nos hace, conocerá
que ha sido engañado, variará de conducta,
y por una reaccion furiosa, y mas sanguinaria que las otras , caerá irritado sobre
nuestros asesinos, si V. M. no se apre-
sura antes á hacernos justicia, y sufrirán el
castigo de su perfidia, y de sus imposturas.
Debieran tener presente que los mismos que
incensaban la constitucion de las cortes el
dia antes, despedazaron y ahorcaron sus
lapidas al siguiente.

Pero yo niego, Señor, que exista en el
pueblo la indignacion que se le atribuye,
y que quiere persuadirse á V. M.... El pueblo español es generoso, y solo puede errar
y perseguir, siendo engañado. Yo no temo
su colera, y me presentaria ahora mismo
tranquilo en todas las provincias en que he
exercido mis comisarias regias, sin temor
de que viniese ninguna muger, respetable ó
no, á reconvenirme de la barbaridad que
el capitan general Villariezo ha cometido

ma malheureuse épouse, et sans redouter que qui que ce soit vienne me redemander ce qui lui a appartenu, car personne n'a le droit de demander à un autre ce qu'il a acquis, soit en payant sa valeur, soit en donnant un objet égal en échange, soit par une créance éteinte par l'échange.

Le gouvernement *légitime* et non *intrus* a vendu et a pu vendre différens objets, de même que l'ont pu faire des particuliers, et les sujets ont pu et ont dû les acquérir sans craindre que personne pût se croire autorisé à les leur enlever, sur-tout après que Votre Majesté elle-même leur avait promis la conservation de leurs propriétés.

Un des reproches les plus ridicules que le parti contraire nous fait, c'est l'acquisition des biens nationaux; et quoique je ne me propose pas de répondre à présent à toutes les sottises de nos détracteurs, je dirai cependant que s'il y a eu quelque mal dans cette affaire, l'exemple a été donné par eux, et la loi de représailles, non seulement est de tous les codes, mais elle provient aussi de la peine du talion autorisée par les écritures saintes.

contra mi desgraciada esposa, y sin recelo
de que acudiese nadie á pedirme lo que
habia sido suyo, pues nadie tiene derecho
de pedir lo que se ha adquirido, satisfa-
ciendo su valor, ó bien por un precio dado
en cambio, ó bien por un credito extinguido
en el cange.

El gobierno *legitimo* y no *intruso*, ha
vendido y podido vender varios efectos, lo
mismo que los han vendido los particulares,
y los subditos han podido y debido adqui-
rirlos, sin recelo alguno de que nadie se
considere autorizado para arrebatárselos, y
mucho menos despues de prometerles V. M.
mismo la conservacion de sus propriedades.

Uno de los cargos mas ridiculos que
nos hace el partido contrario, es la adquisicion de bienes nacionales, y aunque no sea
mi intento responder ahora detenidamente
á todas las necedades de nuestros detractores, diré sin embargo que, si hubiera en
esto algun mal, ellos dieron el funesto exemplo y la ley de represalias, no solo es de todos
los codigos, sino que emana de la pena del
talion autorizada por las sagradas escrituras.

Le peu d'Espagnols qui suivirent le roi Joseph I.er à Victoria, furent traités avec une inhumanité incroyable. Les gouvernans, dans ces temps anarchiques, dictèrent des lois pour vendre nos biens et s'emparer de nos revenus; ils les mirent à exécution, et consommèrent leur barbaries en lançant contre nous un arrêt de mort. Moi, j'eus l'honneur d'être du nombre des condamnés, et si je fus plus heureux que d'autres dans la conservation des effets de ma maison, j'ai dû cet avantage à l'opinion publique, qui ne pouvait s'accoutumer à me croire criminel, et à la bonne réputation de ma digne épouse.

Quand le roi Joseph I.er rentra à Madrid, il ne voulut pas faire entrer dans ses dispositions ces traits de férocité, mais il dut prendre quelques mesures pour attirer les Espagnols et mettre fin à l'opposition. Il annonça que celui qui ne se présenterait pas dans le terme de six mois, perdrait ses biens; cet engagement se remplit religieusement ; mais avant de l'exécuter on publia une déclaration annonçant avoir mérité la peine, pour donner le temps à quelques-uns

Los pocos que siguieron al Rey Don José I.º en su retirada á Victoria, fueron tratados con una inhumanidad increible. Los gobernantes de aquel anarquico tiempo dictaron leyes para vender nuestros bienes y apoderarse de nuestras rentas, las llevaron á efecto y coronáron sus tropelias; lanzando un decreto de muerte contra nuestras personas. Yo tube el honor de ser del numero de los condenados, y si fuí mas feliz que otros en la conservacion de los efectos de mi casa, lo debí á la misma opinion publica, que no podia acostumbrarse á considerarme tan criminal, y á la buena fama de mi digna consorte.

Quando volvió el Rey Don José I.º no quiso calcar sus providencias sobre aquellos rasgos de ferocidad; pero debió dictar algunas medidas para atraer á los Españoles, y terminar la oposicion. Anunció que el que no se preséntase en el termino de seis meses, perderia sus bienes, y se cumplió religiosamente, y aun antes de executarse se publicó declaracion de haber incurrido en la pena, para dar lugar á

uns de comparaître avant les ventes, comme il arriva en effet.

Outre ces considérations, on en eut encore une de la plus grande importance. On accorda à presque toutes les femmes, enfans, sœurs ou parens des émigrés qui résidaient à Madrid, l'administration de leurs biens, quand ils la sollicitèrent. Le Gouvernement alors déploya la plus grande générosité, parce que la disposition fut au commencement dictée plutôt avec l'idée d'inspirer une terreur salutaire, que pour retirer du profit de leurs ressources; et elle ne fut complètement exécutée que quand leur obstination à suivre le parti contraire la rendit absolument nécessaire.

Ceux qui furent exilés en France ne subirent pas la confiscation; elle tomba seulement sur celui qui, libre dans son choix, se déclara l'ennemi du roi par des actes positifs d'infidélité. Quelle différence entre cette conduite légale et modérée, et celle dont on usa et dont on use encore contre nous! La comparaison fait frémir. Le parti contraire, toujours proscrivant et massacrant, celui du roi Joseph, toujours indulgent et pardonnant.

Mais je ne veux pas m'arrêter plus long-

que algunos compareciesen antes de las ventas, como se vérificó.

A mas de estas consideraciones se tubo otra de mayor importancia. A casi todas las mugeres, hijos, hermanos ó parientes de los emigrados que residian en Madrid, y solicitaron la administracion de los bienes de aquellos, se les concedió con la mayor generosidad, como que la medida era al principio, mas bien para inspirar un terror saludable, que para proporcionarse una utilidad, y no se llevó á efecto en toda su extension hasta que la pertinacia la hizo necesaria.

Los desterrados á Francia no sufrieron la confiscacion, y solo vino á padecerla aquel, que, libre en la eleccion, se declaró enemigo por actos positivos de infidencia. ¡Que distincion entre esta conducta legal y moderada, y la que usaron y se usa todabia con nosotros! Horroriza la comparacion. Ellos siempre proscribiendo y siempre matando, y el Rey Don José I.º siempre admitiendo y siempre perdonando.

Pero no quiero insistir mas tiempo en

temps sur ces matières, qui me conduiraient à un trop long développement. Outre les armes que j'ai employées jusqu'à présent pour terrasser mes ennemis, il me reste encore des argumens fermes et indestructibles ; s'ils m'attaquent de nouveau, je me servirai de ces raisonnemens que je conserve pour les confondre. Ils seront pour moi les armes les plus fortes et les mieux trempées ; et alors je ne serai pas seul pour leur résister et leur répondre, j'aurai l'assistance de tous les hommes de mérite de notre parti, qui sont en grand nombre, et lesquels préparent des sorties aussi vigoureuses que convaincantes.

Ce sont ces principes d'équité qui m'ont toujours dirigé, et par-tout les villes et les villages m'ont vu être d'accord avec les chefs militaires probes et justes, comme ils m'ont vu résister à la violence et au despotisme des ambitieux et des pervers, car il y en a eu des uns et des autres.

J'ai fait faire la répartition des contributions avec équité, et par les intéressés les plus intelligens eux-mêmes ; j'ai empêché les réquisitions militaires ; je me suis opposé avec succès à ce que les Espagnols fussent jugés par des conseils de guerre, en établissant les tribunaux nationaux que la loi ordonnait ; j'ai provoqué les

unas materias, cuyo desarrollo me condu-
ciria mui lejos. Bastan las armas que ahora
empleo para destruir á mis enemigos; pero
si me atacasen de nuevo, las guardo mas
fuertes y mejor templadas para confundir-
los, y no seré yo solo entonces, sino que
me auxiliarán todos los hombres de merito de este partido, que son infinitos,
y preparan sus defensas, tan vigorosas como
convincentes.

Siguiendo los principios de equidad, que
tengo bien acreditados en todas partes, me
han visto los pueblos estar acorde con los
xefes militares probidos y justos, y resis-
tir las violencias y el despotismo de los
ambiciosos y perversos, pues de todo ha
habido.

He hecho repartir las contribuciones con
equidad, y por los mismos naturales mas
inteligentes; he impedido las requisiciones
militares, y que fuesen juzgados los Españoles en los consejos de guerra, establecien-
do los tribunales nacionales que la ley man-

travaux utiles ; j'ai partagé mon bien avec les pauvres, sans demander à quel parti ils appartenaient ; j'ai servi et consolé les affligés, et lorsqu'il sera nécessaire, j'accumulerai les témoignages de la vérité de ces assertions dans les provinces de Guipuscoa, Alava, Biscaye, Santander, Burgos, Madrid, Talavera, Tolède, Avila, Xérez, Séville, et les autres royaumes d'Andalousie où j'ai déployé le caractère dont le roi Joseph I.er m'avait décoré, et où j'ai rempli les commissions dont il m'avait chargé.

Jamais on ne pourra nous faire un crime, ni même considérer comme un simple défaut le zèle que nous avons employé pour consolider le gouvernement de Joseph I.er, quand Votre Majesté nous ordonna de nous réunir *d'efforts et de cœur à l'empereur des Français*, selon que je l'ai dit auparavant. Au contraire, tous les actes que nous fîmes en faveur de la monarchie constitutionnelle sont autant de titres d'honneur dont nous pouvons nous vanter, en disant avec le savant auteur d'*Eponine :* « Le juste

daba ; he repartido mis haberes con los necesitados, sin mirar jamas el partido que seguian; he consolado y servido á los que se hallaban afligidos, y quando sea necesario se acumularán los testimonios de estas verdades de Guipuzcoa, Alava, Vizcaya, Santander, Burgos, Madrid, Talavera, Toledo, Avila, Xerez, Sevilla y demas Reynos de Andalucia, donde he desplegado las facultades que el Rey Don José 1.º me ha concedido, y desempeñado las comisiones que me ha encargado.

Nunca podrá hacersenos un crimen, ni aun considerarse como un simple defecto, el zelo que empleamos para consolidar el gobierno de Don José I.º, quando V. M. nos mandó *reunir nuestros esfuerzos de todo corazon al Emperador de los Franceses*, segun queda dicho. Al contrario, todos los actos que hicimos en favor de la Monarquia constitucional, son otros tantos titulos de honor, de que podemos vanagloriarnos, diciendo con el sabio autor de la *Eponina :* « Que el justo, en el abatimien-

« dans la poussière a le droit de s'enorgueillir,
« parce qu'on lui refuse tout. »

Plusieurs villes et villages ont déclaré spontanément qu'ils me doivent leur conservation et leur existence ; ils m'en ont rendu les plus vives actions de grâces par leurs députations ; ils ont voulu me combler de présens, que j'ai refusés, sans même permettre que jamais on acceptât dans mes bureaux un seul réal pour les milliers de passe-ports qu'on y a expédiés. Je citerais en témoignage de ce que j'avance les noms de plusieurs de ces villes, si je ne craignais qu'on ne leur fît un crime d'avoir été justes et reconnaissantes envers moi, comme on en fait un à ma femme d'être unie à mon sort.

Si nous n'avions pas rempli les emplois, on les aurait donnés aux étrangers, Polonais, Allemands, Italiens et Français, desquels se composaient les armées qui firent la conquête ; et peut-on croire que dans ce cas les Espagnols eussent été plus heureux ? Que les villes répondent pour moi, et qu'on fasse le parallèle entre les pays gouvernés militairement et ceux dans lesquels le Roi put conserver quelque influence, on verra quelle énorme différence.

Enfin que le conseil de Castille réponde

» to, tiene derecho de envanecerse, porqué
» de todo se le priva·».

Muchos pueblos han declarado espontaneamente que me deben su existencia, me
han tributado por medio de diputaciones
acciones de gracias, han querido hacerme
regalos, qué he resistido, y nunca per-
mití que se tomase en mi secretaria, ni un
real por los millares de pasaportes que se
han expedido. Citaria infinitos pueblos si no
temiese que se les haga un crimen de haber
sido justos y reconocidos conmigo, como
se le hace á mi muger de ser mi esposa.

Si no hubieramos desempeñado nosotros los empleos, se hubieran dado á los
extrangeros, Polacos, Alemanes, Italianos y
Franceses, pues de todo hubo en los exercitos que hicieron la conquista; y ¿ se cree
que en tal caso hubieran sido mas felices
los Españoles? Respondan por mi los pueblos, y hagase el paralelo de los paises que
fueron gobernados militarmente, con aquellos donde pudo el Rey conservar algun
influjo, y se verá la enorme diferencia.

Responda tambien por mi el Consejo de

aussi pour moi, puisque se voyant dans l'alternative de voir la police commise à deux étrangers, il préféra de s'en charger, et par là donna une preuve de son patriotisme, dont il se fit un grand mérite dans son manifeste. Ceux qui ont servi le Roi Joseph, et qui ont accepté ses emplois et commissions, n'ont pas suivi d'autres principes, et on ne peut nous faire de reproche sous aucun rapport.

Lorsque je considère la conviction que j'ai, nou seulement de la loyauté et de la noblesse de ma conduite politique, mais encore de l'intégrité et du patriotisme qui ont présidé à ma carrière administrative, combien ne dois-je pas être étonné de l'audace qu'ont eue jusqu'à présent nos détracteurs, et de leur constance à nous déprimer, à l'ombre de la confiance que nous inspirait notre propre conduite, et la supériorité avec laquelle nous envisagions ces futiles et ces misérables détours ! Mais lorsque nous voyons qu'ils veulent s'élever jusqu'au souverain, dont ils égarent l'opinion et dont ils indisposent le cœur contre nous, l'honneur et la

Castilla, que viendose en la alternativa de que se encargase la policia á dos extrangeros, prefirío desempeñarla, y acreditó en esto su zelo patriotico, de que hizo mucho alarde en su manífiesto ; y nosotros hemos seguido los mismos principios sirviendo al Rey Don José I.º, y admitiendo sus empleos y comisiones, y no puede criticarsenos bajo ningun aspecto.

Atendida la seguridad que tenia y tengo, no solo de mi conducta leal y noble en la parte politica, sino de mi pureza y patriotismo en la administrativa, debe causarme mas admiracion el atrevimiento que han tenido hasta ahora nuestros detractores y su constancia en deprimirnos, á la sombra de la confianza que nos daba nuestra propia conducta, y de la superioridad con que hemos mirado esas pequeñeces y rencorcillos..... Pero quando vemos que yá pretenden elevarse hasta el solio y desorientar al Soberano, cuya opinion trastornan, y cuyo corazon indisponen contra nosotros, no pueden sufrir mas, ni el honor, ni la paciencia. Es

patience sont à bout. Il est impossible de nous faire plus de mal qu'on nous en a fait.

On vous envisage comme des *traîtres* et des *gens sans loyauté*, et, ne pouvant sacrifier nos personnes, on se coalise lâchement contre celles de nos femmes et de nos enfans; on les arrête, on les poursuit, on les bannit, on les déshérite, et on les expose à toutes les misères et à toutes les calamités.... Quelle barbarie!... Et l'on veut que nous gardions le silence!...... et l'on veut que nous mesurions les expressions de notre juste indignation !.... Et nous serions assez vils pour adorer le cordon qu'on nous présente ! Non , il ne nous reste que notre innocence, notre dignité, notre fermeté, et l'honneur qu'on ne peut nous arracher, quelques efforts qu'on fasse pour y parvenir.

Je vois la généreuse nation anglaise poursuivre avec ardeur l'extinction totale de l'esclavage, et s'appitoyant sur le sort des nègres, faire retentir, dans le sein du parlement, des voix généreuses pour leur bonheur. Il est facile de prouver qu'il existe une autre classe d'êtres plus infortunés que les nègres, et plus dignes de compassion : ce sont les blancs Espagnols,

imposible hacernos mas mal del que nos hacen.

Nos tratan como *traydores* y *desleales*, y no pudiendo sacrificar nuestras personas, embisten cobardemente contra las de nuestras mugeres e hijos; las arrestan, las persiguen, las destierran, las deserhedan, y exponen á todas las miserias y á todos los contratiempos. ¡Que barbarie! ¿Y callarémos todabia? ¿Y medirémos las frases de nuestra justa indignacion? ¿Y tendrémos la bajeza de adorar el dogal que nos ofrecen? Nó: solo nos queda nuestra inocencia, nuestra dignidad, nuestra fortaleza, y el honor que no pueden arrebatarnos, por mas que se esfuercen y se despedacen contra nosotros.

Yo veo interesarse á los generosos Ingleses por la abolicion absoluta de la esclabitud, y compadecidos de la suerte de los negros empeñar discusiones en su Parlamento para hacerlos felices. Es mui facil probar que hay otra clase de seres mas desgraciados que los negros, y mas dignos de compasion. Estos son los mui

purs et honorables royalistes constitutionnels réfugiés en France.

Le nègre, dans l'état d'esclavage, conserve la vie qu'il eût peut-être perdue dans un combat, si le stimulant du gain de la vente ne lui eût valu sa grâce. L'Espagnol réfugié en France ne trouverait personne qui achetât sa liberté pour assurer sa subsistance, et beaucoup d'entre eux sont morts de misère ou de douleur, dans ces momens critiques où le gouvernement s'est vu dans l'impossibilité de les secourir. Le nègre stupide, non civilisé, ayant moins de besoins et de sensibilité, souffre moins par l'effet des privations, et, sous quelques rapports, a plus de jouissances que dans son propre pays... L'Espagnol, réfugié en France, instruit, éclairé, sensible, accoutumé aux jouissances, aux commodités de la vie, souffre de se voir privé de tout, méprisé, persécuté, et se trouve enfin dans un état qui ne saurait être exprimé autrement que par des soupirs et des larmes!

blancos , y mui puros , y mui honrados Españoles realistas constitucionales refugiados en Francia.

El negro, siendo esclabo , conserva la vida , que hubiera perdido tal vez en un combate, si el estimulo de la ganancia de la venta no se la hubiese hecho perdonar. El Español refugiado en Francia, no encontraria quien comprase su libertad para asegurar su subsistencia , y muchos han muerto de miseria ó de afliccion en los criticos momentos en que el Gobierno no ha podido socorrerlos. El negro estupido , incibilizado , con menos necesidades y sensibilidad no sufre tanto por las privaciones , y en algunos puntos goza mas que en su misma patria. El Español refugiado en Francia, lleno de cultura, de ilustracion , de sensibilidad, acostumbrado á las goces , á la comodidades , y viendose pribado de todo ello, despreciado y perseguido, sufre lo que no puede explicarse con voces ni expresiones, sino con suspiros y lagrimas... ¡ La injusticia , la injusticia é ingratitud

L'injustice et l'ingratitude de ses concitoyens est son plus grand tourment.

Il est vrai que, soit l'ancien gouvernement français, soit l'actuel, ont secouru en proportion de leurs moyens ces malheureuses personnes; mais les circonstances dans lesquelles ils se sont trouvés ne leur ont pas permis de le faire, ni avec la constance, ni avec la latitude que leur situation le demandait..... Mais même, quand il seroit possible que dans cette partie les réfugiés n'eussent rien à desirer, la circonstance de se trouver à la merci d'un autre est fort affligeante; de l'argent, des commodités, des trésors, peuvent-ils indemniser de la perte de la patrie, des atteintes contre l'honneur, et du malheur de se voir séparé de ses parens et de ses véritables amis?... Oh! non; rien ne peut remplacer ces pertes inappréciables !

Serait-il possible qu'en jetant les yeux sur cet affreux tableau, sur cet affligeant parallèle, ce même parlement anglais fermât l'oreille à la voix de la philantropie, le gouvernement français à celle du devoir, les souverains qui ont fait la paix, à celle de la reconnaissance, et Votre Majesté elle - même , comme plus intéressée

qu'eux

de sus conciudadanos es su mayor tor-
mento!

Es verdad que tanto el antiguo go-
vierno frances, como el actual, han socorrido, siempre que les ha sido posible, á
estos desgraciados sugetos; pero las circunstancias en que se han visto no les han
permitido ejecutarlo, ni con aquella seguridad, ni con aquella amplitud que reclamaba
la situacion en que se hallaban los refugiados; y aun quando fuese dable que
en esta parte nada les quedase que de-
sear, siempre el vivir á merced de otro es
mui triste. ¿Hay dinero, hay conveniencias,
hay tesoros que puedan compensar la perdida de la patria, los ataques á la estimacion y el verse separados de sus familias
y buenos amigos?......¡Ah no, nada
puede suplir estas inapreciables perdidas!

¿Y es posible que fijando la vista en este
horroroso quadro y paralelo, ese mismo
Parlamento ingles, por filantropia; el nuevo
de Francia, por obligacion; los Soberanos
que han hecho la paz général, por gratitud,
y V. M. mismo, mas interesado que todos

qu'eux tous, à celle de l'humanité, de la justice, de l'honneur!.... serait-il possible, dis-
je, que tant de voix réunies fussent insuffisantes
pour réclamer l'indulgence et l'équité, et obtenir qu'on procédât efficacement à améliorer le
sort de ces dignes et malheureux objets d'une
injuste colère!... Leur innocence étant une
fois connue, comme elle ne saurait manquer
de l'être, d'après ce qui vient d'être dit; pourquoi toutes les gazettes de l'Europe ne parle-
raient-t-elles pas en leur faveur, pour dissiper les erreurs du vulgaire à leur égard, pour
calmer les animosités qu'on leur porte et leur
faire rendre l'estime qu'ils méritent!

L'imposture et la perversité se permettent
d'attribuer, à la politique de l'Angleterre, une
grande partie des malheurs qui pèsent sur les
réfugiés Espagnols, parce que le hasard a voulu
que l'illustre et vaillant Wellington se trouvât
à Madrid, au moment où l'on a publié la fameuse
circulaire du 30 mai!... Mais une telle inhumanité de sa part est impossible!... On ne croira
jamais que le héros britannique ait pu vouloir
obscurcir sa gloire par une pareille action!...
Non, la nation anglaise n'est point complice
d'une combinaison politique aussi astucieuse

ellos, por humanidad , por justicia, por su honor.... ¿ es posible, repito, que no han de clamar unos, compadecerse otros, y proceder todos con la mayor eficacia, á mejorar la suerte de estos dignisimos y desgraciados sujetos ? Reconocida su inocencia, como no puede menos de estarlo, por lo que queda dicho. ¿porqué no hablan en su favor los papeles publicos de toda la Europa, para disipar las equivocaciones del vulgo, calmar la animosidad que se les tiene , y volverles el aprecio que merecen ?

La perversidad y el error atribuyen, á la politica inglesa, una gran parte de la desgracia de los refugiados Españoles, por la casualidad de haber coincidido la presencia del famoso y valiente Welington en Madrid con la publicacion de la circular de 3o de mayo....¿ Pero como es creible tal inhumanidad de su parte ? ¿ Como pudiera el heroe Britano deslucir su gloria con una accion semejante ? ¿ Como ser complice la magnánima Nacion inglesa de tan insidiosa

et aussi funeste!... non, cela n'est pas possible !

Jaloux moi-même de sa gloire, je lui signale ces horribles impostures du vulgaire, afin qu'elle puisse les démentir par des actes publics et décisifs qui prouvent l'intérêt qu'elle prend à notre malheureux sort !... C'est le ministère espagnol seul et quelques misérables instigateurs qui sont coupables; voilà les seuls qui ont provoqué notre infortune, et qui doivent être l'objet de l'indignation et de l'épouvante de tant de milliers de malheureux, qui appellent sur eux les vengeances du ciel. Qu'on ne croye pas pourtant que je réclame l'indulgence, parce que j'en ai besoin; je suis aussi loin de l'implorer comme je suis éloigné de redouter un jugement. Je l'ai dit, Sire, et je le répète : l'Espagne ne me verra jamais rentrer dans son sein par la voie avilissante du pardon. Mon innocence lui évitera la mortification de me l'accorder, et elle n'aura point à rougir de m'avoir vu naître, quoiqu'elle ait à se repentir d'avoir été quelque temps injuste envers un de ses plus tendres fils.

y funesta convinacion politica? No, no, no es creible.

Interesado yo en su fama les indico estas horribles imposturas vulgares, para que puedan desmentirlas por actos publicos y decididos, que acrediten el interes que toman por nuestra desgraciada suerte. Esta es obra solo del ministerio español y de algunos miserables atizadores: ellos solos son los culpados; ellos son los que han promovido nuestra desventura, y los objetos de la indignacion y espanto de tantos millares de infelices que claman contra ellos las venganzas del cielo. No se crea por esto que apelo á la indulgencia por que la necesito. Tan lejos estoy de implorarla, como de temer un juicio. Lo he dicho, Señor, y lo repito; la España no ha de verme entrar en su apreciable seno por la via indecorosa del perdon. Mi inocencia le excusará la mortificacion de dispensarmelo, y no tendrá que arrepentirse de haberme visto nacer, aunque si tendrá que reprocharse de haber sido algun tiempo injusta con uno de sus hijos mas amantes.

Je ne suis coupable de la destruction d'aucun village, comme le sont ces hommes pervers qui ont levé l'étendard de la discorde, tandis que Votre Majeté ordonnait la paix et l'union ; comme le sont ces hommes qui plongèrent l'Espagne dans ce gouffre de calamités, où elle se débat encore dans ces momens mêmes. Madrid et Séville, lieux où résidèrent les gouvernemens d'Espagne, se sont conservés intacts, et Votre Majesté a pu rentrer dans ses états sans avoir eu besoin de marcher au travers de leurs ruines. C'est ainsi qu'elle eût retrouvé sa noble Sarragosse, si cette cité malheureuse se fût conduite à l'exemple de Vienne et des autres capitales, et qu'offrit Paris lui-même ; car enfin l'on ne peut refuser aux populations de ces métropoles la justice qu'elles ne connussent leurs véritables intérêts, qu'elles ne fussent pénétrées du sentiment religieux de leurs devoirs, dans ces momens critiques où l'amour de la patrie surabonde, en quelque sorte, sur l'obligation de conserver l'honneur intact.

Quant aux capitales des empires, qui craignent, dans leur sein, ce ravage de l'anarchie, et que menacent les invasions, un simple mur, un rang de palissades, avec le plus faible fossé, suffisent pour contenir les hus-

Yo no soy reo de la destruccion de ningun pueblo, como lo son aquellos hombres perversos que han levantado el estandarte de la discordia, quando V. M. clamaba por la conformidad, y que han atraido sobre la España todos los horrores de que ahora se lamenta. Madrid y Sevilla, donde han residido los gobiernos de España, se han conservado, y V. M. ha vuelto sin necesidad de su sacrificio. Lo mismo hubiera sucedido á Zaragoza, si hubiera seguido el prudente y cuerdo exemplo de Viena, Paris y otras capitales, á cuyos habitantes no puede negarse la facultad de raciocinar bien sobre sus verdaderos intereses, ni el conocimiento de sus deberes en los criticos momentos, en que el amor de la patria lucha con el deseo de conservar el honor intacto.

A estas capitales, y á qualquier pueblo que quiera conservarse en tiempos de anarquia y de invasiones, solo conviene tener un simple muro, ó una empalizada con un pequeño foso, para con tener los ex-

sards et les cosaques, de quelques nations qu'ils soient, et pour obtenir du pouvoir qui les domine l'honorable garantie d'une capitulation. Les lois de l'honneur, de la justice et toutes les convenances sociales sont remplies, quand on obtient ce résultat heureux, qui assure en même temps aux paisibles citoyens leurs biens et leur existence, et à l'Etat des bras utiles, qui fournisssent à son opulence et à son maintien.

Les places fortes et les citadelles doivent se défendre avec opiniâtreté, et tenir jusqu'à la dernière extrémité : c'est là l'objet de leur existence politique ; mais elle n'est point l'essence des villes ouvertes et pacifiques : aucune urgence ne peut les convertir en lieux de siége, qui obligent l'ennemi de les attaquer à la sape, et d'ouvrir la tranchée ; et l'intérêt de l'Etat n'ayant pu nécessiter qu'on les flanquât de remparts et qu'on les garnît de tours, privées de ces moyens de résistance, elles ne peuvent concevoir l'espérance de rejeter loin d'elles les efforts d'un audacieux ennemi.

Et quel objet plus important de considération morale et humaine peut-on présenter à la décision des hommes, que celui dont les résultats compromettent la vie, provoquent la ruine, ou garantissent le bien-être d'in-

cesos de los Usares y Cosacos de todas las Naciones, y lograr una capitulacion honrosa. Todas las leyes del honor, de la justicia y de la conveniencia social están conseguidas quando se logra este termino feliz, que conserva á los ciudadanos pacificos sus bienes y su existencia, y al Estado los utiles brazos de donde saca su riqueza.

Las fortalezas deben defenderse con el mayor teson y hasta el ultimo extremo, pues para esto se construyen; pero jamás deben convertirse en plazas fuertes que obliguen al enemigo á abrir una trinchera, las poblaciones civiles y pacificas, pues si la conveniencia del estado hubiera creido que eran necesarias para llenar estos fines las habria mandado fortificar.

No puede presentarse á la decision humana objeto mas serio que la suerte de millares de familias, y la conservacion ó la perdida de sus vidas y haciendas; y no

nombrables citoyens ? Eh ! serait-ce à la main
d'un ambitieux ou d'un fou à tenir la balance ?
lui serait-il permis de faire pencher celle-ci au
souffle des factions , de la précipiter sous le
poids de conseils funestes ! et combien de victimes, hélas ! n'ont pas été immolées à sa terrible fluctuation ! combien, dans la lutte des mauvais génies qui en agitaient l'équilibre , de for-
tunes et de trésors n'ont pas été s'engloutir ?

Eh ! qui sont-ils les cruels auteurs de ces
irréparables , de ces innombrables , mais inutiles sacrifices ? le demande-t-on ? Ce sont ces
hommes imprudens, qui , sans consulter leurs
forces, qui , sans connaître leur emploi , tirè-
rent du fourreau l'épée , et , abandonnant les
saints devoirs auxquels les assujettit l'auguste
religion , se jetèrent dans la sphère qui leur est
la plus opposée. Eh ! comment accorder cette
réunion des casques et des mitres, des lances et
des scapulaires, des crucifix et des poignards !
Quel délire !

Et cette espèce d'hommes ose parler encore ! et ils osent se présenter à la face de
la Nation qu'ils ont désolée , et s'entourer
de l'auréole d'une fausse gloire , que l'er-

debe nunca dejarse á la voluntad de un ambicioso ó de un loco, ni á la resolucion atropellada y mal digerida de un funesto consejo. ¡ Quantos ciudadanos utiles é insignes no han perecido, y quantos patrimonios no han sido destruidos en esta funesta y desatinada lucha !

¿ Y á quienes se deben estos irreparables, sensibles é inutiles sacrificios ?.... A esos hombres imprudentes, que, sin conocer sus fuerzas, ni el modo de emplearlas, sacaron la espada, y sé dieron un exercicio que no podian desempeñar, que les era desconocido, y en algunos mui contrario á sus deberes mismos, à su estado y á su carácter. ¿ Podrán jamás formar union armonica y razonable los cascos con las mitras, las lanzas con los escapularios, y los Christos con los puñales ? ¡ Que delirios !

¿ Y esta clase de hombres tiene todavia valor de hablar ?..... Y no se abochornan de presentarse à la faz de la Nacion que han desolado, cubiertos de una falsa aureola de gloria que nunca han merecido,

reur seule peut leur confirmer , mais que leur arracheront le temps, la vérité et la justice ! Et ces misérables, qui n'ont véritablement aucune patrie, qui font profession de contrarier ses intérêts les plus sacrés, et de confondre tous les élémens de la morale et de la politique, se sont arrogés le droit d'élever seuls la voix !... et aucun ne les réduit au silence ! et aucun ne leur inflige le châtiment qu'ils méritent comme incendiaires et perturbateurs !

Et ils ont l'audace de dire que *Nous*, les partisans du Roi Joseph, sommes responsables de toutes les horreurs que les Français ont pu commettre !... Imposteurs ! véritables parricides ! soyez confondus ; le moment est arrivé où votre conduite perverse va se montrer dans tout son jour. Sans doute , et nous sommes tous d'accord sur cette triste vérité; sans doute que les Français se sont rendus coupables, en Espagne, de plus d'un excès ; mais à qui faut-il en attribuer la source ? Sur qui doit reposer cette odieuse responsabilité ? Est-ce à ceux qui, dès le principe, se sont opposés à la

que solo el error ha podido atribuirles; pero que el tiempo, la verdad y la justicia vienen á despojarles? Y esos miserables que no tienen verdaderamente patria, que hacen profesion de contrariar sus mas sacrosantos intereses, y trastornan todos los elementos de la moral y de la politica, tienen derecho para alzar el grito, y nadie los reduce al silencio, y nadie les impone los castigos que merecen, como incendiarios y perturbadores?

Y todabia tienen el descaro de decir que nosotros, que los partidarios del Rey José somos reos de todos los horrores cometidos por los Franceses?..... ¡ Impostores, parricidas verdaderos, confundios, pues llegó el momento de que se descubra vuestra conducta detestable!.... No hay duda, nó, y os concedemos que los Franceses han hecho muchisimos daños en España; pero quien es responsable de todos ellos? ¿ El que se opuso desde el principio á la guerra que los ha producido, ó aquellos que los atrageron sobre la des-

guerre, ou à ceux qui l'ont attirée sur la malheureuse patrie par une téméraire résistance ?

Les partisans du Roi Joseph voulaient alors ce qu'ils veulent à présent : la paix avec la France. Vous vouliez alors ce que vous voulez à présent : la guerre éternelle ; et si vous les rendez responsables des calamités qu'elle a produites, et qui sont exclusivement votre ouvrage, comment vous justifierez-vous des crimes dont se sont couverts vos auxiliaires ? La désolation de Ciudad-Rodrigo, les horreurs commises à Badajoz, l'incendie de Saint-Sébastien, son pillage, et tant d'autres désastres ; sont-ils l'ouvrage des Français ou celui de vos alliés ?... Les partisans du Roi Joseph sont purs de ces crimes et de ces malheurs ; ils s'opposaient à la guerre ; ils épousèrent la cause du Roi pour l'éviter : ce ne sont donc point les partisans du Roi Joseph qu'on peut charger des maux qu'entraîne ce fléau redoutable.

Mais c'est une témérité et une preuve d'ignorance, d'attribuer exclusivement les effets destructeurs des orages politiques, de préfé-

graciada patria con una resistencia temeraria ?

Los partidarios del Rey José querian,
como quieren ahora, la paz con Francia :
vosotros queriais, como quereis ahora, la
guerra eterna; y si les haceis reos de las calamidades que ha producido, y que son obra
solamente vuestra, teneis ademas de esta
responsabilidad la de todas las calamidades que han causado las tropas que os
auxiliaban. La desolacion de Ciudad-Rodrigo; los crimenes de Badajoz; el incen-
dio voraz de San Sebastian, su saqueo,
sus horrores, y otros infinitos males y des-
trozos en otras partes de la monarquia
¿ son obra de los Franceses ó de vuestros
aliados ?... Los partidarios del Rey José
están puros de unos y de otros: no querian la guerra ; siguieron esta hermosa
causa por évitarla, y no puede hacerseles
responsables de los males que ha producido.

Es una temeridad y una ignorancia el
atribuir exclusivamente los efectos destruc-

rence à telle nation plutôt qu'à telle autre.
Toutes sont dans la même catégorie, quand
la discorde vient détruire les doux liens de
l'harmonie sociale ; et les catastrophes qui
en résultent sont précisément ces effets for-
midables, qui caractérisent cet ouragan vol-
canique, qu'on désigne sous le nom de guerre.
Ces conséquences sont éternelles comme '
principe ; et si elles pouvaient s'en écar-
ter, les Espagnols mêmes nous démontre-
raient si leur conduite fut plus modérée,
dans les troubles d'Italie, de Flandre, et
nommément d'Amérique ! Leurs guerres de
Communautés, et toutes celles de faction ou
de parti, qui devancèrent ou suivirent celles-
là, les couvrirent de torrens de leur propre
sang ; et depuis les Rois catholiques, sous la
domination desquels se perdit la manière noble
et chevaleresque de faire la guerre, les anuales
militaires de la Nation la présentent-elle sous
un point de vue plus humain, plus généreux
et plus juste ? Tous les peuples sont les mêmes
à cet égard, et il serait absurde de vouloir en
trouver d'irréprochables.

Revenons au fait. La barbare mesure de ne
donner quartier à nul de ces bons et vaillans
Espagnols, qui, combattant pour le maintien
de la Monarchie constitutionnelle, remplirent
leur

tores de la guerra á tal Nacion con pre-
ferencia á otras. Todas son lo mismo
quando la discordia rompe los dulces lazos
de la armonia social; y las funestas con-
sequencias que se siguen, son efectos de la
guerra, lo han sido siempre, y lo serán
mientras las haya. Los Españoles mismos
¿ fueron acaso mas humanos en Italia,
Flandes y singularmente en las Americas?
Sus guerras de Comunidades y todas las demas de faccion y de partido, que antes y despues de ellas los han ensangrentado entre si
mismos, con especialidad desde el tiempo
de los Reyes catolicos, en que perdieron
aquel modo caballaresco y noble de hacer
la guerra, ¿ presentan acaso á los Españoles bajo un punto de vista mas humano,
mas generoso, mas bello? Todos los hombres son iguales, y es un desatino entrar
en este punto en comparaciones, y pretender hallarlos irreprensibles.

¿ De quien ha procedido la barbara
medida de no dar quartel á buenos y valientes Españoles, que peleando por conservar la Monarquia constitucional, cum-

leur devoir, obéirent à leurs Rois légitimes, et se sacrifièrent pour la cause de tous les souverains de l'Europe et la tranquillité du monde, à qui appartient-elle? Et de qui émane la généreuse résolution de repousser à jamais ces sanguinaires horreurs? Cette mesure destructive est l'ouvrage des satellites de l'erreur, des fauteurs de l'anarchie: tandis que la résolution pacifique appartient aux hommes magnanimes qui soutenaient le trône, par la raison même qu'ils servaient sous les drapeaux du Roi Joseph.

Mais pourquoi cette discussion? Les anges eux-mêmes, s'ils arboraient de nouveau l'étendard de la révolte contre le Tout-Puissant, attireraient sur leurs têtes les mêmes foudres, pour les mêmes crimes dont ils se rendaient coupables; et quand le Dieu d'Abraham, d'Isaac et de Jacob les envoyait déployer sa colère, son épée flamboyante et exterminatrice ne laissait pas pierre sur pierre. La guerre donc, comme fléau, et non la différence nationale des troupes qui l'ont faite en Espagne et dans tous les partis, est la source immédiate de nos malheurs; et ses seuls provocateurs seraient ceux qui devraient en porter tout le blâme, s'il ne convenait au véritable intérêt de la patrie que tous les torts fussent expiés devant les saints autels de la Concorde et de

plian con sus deberes , obedecian á sus Reyes legitimos , y se sacrificaban por todos los Soberanos y la tranquilidad del mundo ? ¿ Y de quien ha dimanado la generosidad de no imitar tan sanguinario horror ? Aquella es obra de los contrarios nuestros, de los defensores de la anarquia, y esta pertenece á los hombres magnanimos que sostenian el trono, sirviendo bajo las banderas del Rey José.

Pero no nos cansemos, los angeles mismos, si hiciesen ahora la guerra, como la hacian antes, producirian iguales horrores, y quando el Dios de Abraham, de Ysaac y de Jacob los enviaba á castigar los pueblos , sus espadas exterminadoras no dejaban piedra sobre piedra. La guerra, pues, y no las diferentes tropas que la han hecho en España en todos los partidos, han ocasionado necesariamente todas nuestras desgracias, y contra los promovedores de la guerra debiera dirigirse toda la odiosidad, sino conviniera á los verdaderos intereses de la patria que toda odiosidad cesara delante de las aras de la Con-

la fraternité. Mais cette absolution même, cet oubli salutaire, ils en repoussent l'augure, ces mêmes êtres féroces qui nous donnèrent de si nombreuses preuves de leur inhumanité.

La circulaire du 30 mai n'est pas le seul don de ces implacables ennemis de la paix et de la réconciliation ; le capitaine général de l'Arragon, Don Joseph Palafox y Melcy, vient d'y ajouter un pendant non moins horrible dans son absurdité. Ce qui frappe sur-tout dans ce document, c'est la bizarre originalité avec laquelle la volonté royale s'y trouve interprétée. Le nuage dont on la couvre ne peut se comparer qu'au style et aux formes de rédaction de la même proclamation. Mais le respect qu'on doit au trône, à la justice duquel on s'adresse, ne permet pas d'en relever ici les inconséquences et les ridicules ; il suffit de proclamer cette pièce comme le complément de la table de proscription signée par Don Pierre Macanaz, et l'on se contente de la rejeter dans les pièces justificatives (1), avec quelques notes pour la rendre intelligible.

---

(1) *Voyez* la Pièce justificative, N.° XIV.

cordia y la Fraternidad. Pero no la quieren esos mismos animos feroces , que yá nos dieron muestras de su inhumanidad.

La circular de 3o de mayo, atizadora de la discordia , no es la unica prueba de la obstinacion de los enemigos de la paz y la reconciliacion. Acaba de presentar otra en el mismo sentido el capitan général de Aragon Don José Palafox y Melci. Su modo de interpretar la soberana voluntad es originalisimo, y solo puede compararse en lo extraordinario al estilo y á las formas de la redaccion de su proclama. No es propio de este lugar hacer una explicacion de las inconseqüencias y ridiculezes que contiene, porque el decoro con que se debe hablar al Rey no lo permite ; pero debiendose considerar esta singularisima produccion como un apendice de la famosa circular, que ha firmado Don Pedro Macanaz, se ha comprendido entre los Documentos justificativos, con el numero 14, y se le han puesto algunas notas para su mejor inteligencia.

Toutefois ces deux pièces ne sauraient être l'ouvrage d'un homme public, d'un ministre ou d'un diplomate ; elles ne peuvent être l'ouvrage que d'un *laboureur* stupide.

Palafox considère la proscription du 30 mai comme l'arc-boutant qui doit soutenir l'édifice de la *machine politique* de la monarchie ; et, sans qu'on puisse en deviner les motifs, il regarde comme fort indiscrets, peu réfléchis, et même insolens, les Français qui, se trouvant auparavant domiciliés en Espagne, *y* sont rentrés sous la noble confiance du rétablissement de la paix avec les puissances de l'Europe, et particulièrement avec la France depuis le traité de Valençey. De quel droit Palafox prendrait-il des déterminations que le souverain seul peut dicter ? ou qui l'autorise à parler au malheureux peuple de Sarragosse sur ses véritables intérêts, après les avoir contrariés si ouvertement, ayant été lui-même un des auteurs ou au moins un des complices de sa destruction ?

Palafox veut être regardé comme un héros ; mais tous ont été des héros dans la défense de Sarragosse, excepté lui-même. Votre Majesté envoya, par Don Evaristo Perez de Castro,

Bastará decir aqui, que ambas piezas no parecen obra de hombres publicos, de ministros ó diplomatas, sino de *labradores rusticos*, que no están acostumbrados á escribir ni hablar á sus semejantes.

Palafox considera la proscripcion de 3o de mayo como el arco toral que debe sostener el edificio de la *maquina politica de la Monarquia*, y sin saber porqué, encuentra mui indiscretos, insolentes y poco reflexívos á los Franceses que, hallandose antes domiciliados en España, han entrado en ella, bajo la noble confianza del restablecimiento de la paz en todas partes, y singularmente con Francia desde el tratado de Valencey. ¿ Y corresponde acaso á Palafox tomar determinaciones que solo puede dictar el Soberano, ni hablar al desgraciado pueblo de Zaragoza sobre sus verdaderos intereses, despues de haberlos contrariado tanto, siendo el autor de su ruina?

Palafox pretende ser considerado como un heroe; pero tódos lo fueron menos él en la defensa de Zaragoza. V. M. envió

l'ordre de ne faire aucune résistance, et il fut le premier qui donna le fatal exemple de l'infraction de la discipline militaire, soutenant que Votre Majesté désirait et voulait la guerre, quand il était sûr que par humanité elle la désapprouvait. Ce Palafox fut le premier artisan de la ruine de Sarragosse, par son systême insensé de convertir en place de guerre une ville agronome, commerçante et pacifique, et en substituant des ruines amoncelées au commerce, aux arts et à la pacifique industrie. Si, du moins, le résultat de ce désastre insensé avait pu influer sur le retour de Votre Majesté, qu'on appelle si indécemment votre *rachat*, on pourrait y trouver quelque motif plausible.

Mais il n'y a pas de doute, Sire, ou il faut dire que la défense de Sarragosse fut imprudente et téméraire, ou il faut avilir la renommée des villes qui ne l'ont pas imitée, comme Madrid, Séville, Cordoue, Avila, Tolède, et toutes les autres capitales des provinces d'Espagne.

por Don Evaristo Perez de Castro la orden de que no se hiciese resistencia , y
el fué el primero que dió el fatal exemplo de desobedecerla , sosteniendo que
V. M. deseaba la guerra , y cometiendo
así un delito de lesa - magestad , quando
era positivo que la desaprobaba altamen-
te , y ha seguido repugnandola siempre.
Fué el primero tambien que engañó á los
Españoles ; el que cometió el desacierto
de hacer una plaza de guerra de un pue-
bló artista , agricultor , levitico y pacifico : enfin fué el fautor de la destruccion de una capital hermosisima, y de un
sacrificio absolutamente inutil , para lograr
el verdadero interes de la patria , que con
su doble conducta contrarió abiertamente.

No hay remedio, Señor, ó es menester
confesar que la defensa de Zaragoza fué
imprudente y temeraria, ó envilecer la memoria de los pueblos que no la imitaron,
como Madrid , Sevilla , Cordova , Avila,
Toledo y todas las demas capitales de las
provincias de España. Si, por efecto de esta
desolacion, se hubiese logrado el fin que se

La Péninsule fut occupée par les Anglais et les autres alliés, quand les Français évacuèrent nos provinces, se retirèrent en France, et portèrent leurs troupes dans le Nord. Sans vouloir diminuer pour cela le mérite que les Anglais ont pu avoir dans deux batailles gagnées et dans d'autres actions partielles, eux-mêmes seront d'accord avec moi que, quand les Français ont concentré toutes leurs forces disponibles dans l'Espagne, il était impossible de les arrêter, et ils furent contraints de se couvrir derrière des positions inexpugnables.

Il est temps de parler le langage de la bonne foi; il est temps de calmer l'exaltation des pas-

deseaba, pudiera todabia hallarse alguna disculpa ó razon de conveniencia; pero ¿ quien se atreverá á sostener que la defensa de Zaragoza ha podido influir en el regreso de V. M. ?... ¿ Quien podrá tampoco probar que eso que llaman indecorosamente *rescate* de V. M. es obra de los esfuerzos de los Españoles, y que tienen motivo para ensoverbecerse por ellos?

La España fué ocupada por los Yngleses y demas aliados, quando los Franceses evaquaron sus provincias, se retiraban á Francia, y llevaban sus tropas al Norte. Sin quitar por esto el merito que hayan tenido los Yngleses en dos batallas que han ganado y en otras acciones parciales, ellos mismos confesarán conmigo, y los hechos lo acreditan, que quando han tenido los Franceses todas las fuerzas de que podian disponer en la Peninsula, no les ha sido posible contrarrestarlas, y han tenido que guarecer con prudencia su valor en posiciones inexpugnables.

Ya es tiempo de que se hable el lenguage de la buena fé; ya debe calmarse

sions haineuses, de déclarer que les derniers événemens extraordinaires, qui ont rétabli les Bourbons sur leurs trônes usurpés, ne sont pas l'unique résultat des efforts des puissances de l'Europe alliées contre Napoléon : ces résultats avaient un principe plus sublime et plus extraordinaire encore : c'est *le souffle de l'Eternel, qui glaça les aigles triomphantes dans les plaines arides de la Russie, où les porta leur audace.*

Il faut donc rendre nos hommages au Tout-Puissant, et déposer cet orgueil, ainsi que ces erreurs aussi injustes que funestes à la réconciliation universelle et à la félicité de l'Europe.

Comment les Nations de cette partie du globe souffriraient-elles avec patience une pareille atteinte à leur dignité ? L'Espagne a-t-elle le droit de s'arroger exclusivement la gloire de la chute de la dynastie qui a donné lieu à la coalition ? Qu'auraient fait nos adversaires sans le concours des Anglais leurs libérateurs ? C'était une humiliation sans doute d'obéir, dans une pareille catastrophe, à un grand capitaine, qui, malgré ses nombreux exploits, était cepen-

el impetu de las pasiones , conocerse enfin y confesarse, que los ultimos sucesos extraordinarios que han restablacido los Borbones en sus tronos, no son solo efecto de los esfuerzos de todas las potencias de Europa coligadas contra Napoleon , sino de otro origen mas sublime y mas extraordinario. *Del soplo del eterno , que heló las aguilas triunfantes en los climas hiperboreos do penetraron audaces.*

Rindamos pues nuestro acatamiento ante los arcanos del Altisimo , y depongamos ese orgullo y esos errores, tan injustos como funestos á la reconciliacion universal y á la felicidad de la Europa.

¿ Como podrán sufrir las Naciones con paciencia que la España quiera atribuirse exclusivamente toda la gloria del aniquilamiento de la Dinastia que excitó su coalicion universal. ¿ Que hubieran hecho los Españoles sin el auxîlio de los Ingleses? ¿ Y que les sucedió hasta que tubieron que sufrir la humillacion, para ese orgullo fatuo, de obedecer á un gran capitan, que aunque famoso y digno de su nombre, era al

dant un étranger aux yeux d'une Nation qui, pendant plusieurs siècles, a été la première du globe. C'est par suite de ce respect pour ma triste patrie, que je ne m'appesantis pas sur quelques défaites nées de notre désunion : honte passagère que méritaient ces êtres altiers, qui se croient les premiers hommes du monde, et qui se dégradent en irritant les étrangers avec les prétentions nées de leur orgueil.

Mais Votre Majesté ne doit pas peut-être s'en rapporter à mon opinion sur le sacrifice douloureux de la ville de Sarragosse. Je la prie seulement de daigner donner son attention à un Arragonais, devenu à jamais malheureux par le délit seul de Palafox.

« Cruel Palafox, dit cet Arragonais, pour-
» quoi nous avoir dissimulé l'ordre suprême
» qui nous faisait un crime de notre défense ?
» Entraînés par notre loyauté et notre vaillance,
» nous crûmes nous sacrifier dignement, pour
» le bien d'une patrie dont nous étions ido-
» lâtres et pour la cause d'un Roi chéri, di-
» gne de nos hommages ; et, grâce à votre
» dissimulation, notre générosité même était

fin extrangero ? Por respeto á mi patria, y por el rubor que me han causado y me causan todabia algunas de sus derrotas , no se las recuerdo ; pero lo merecian, ya que tan infatuados se hallan y tan altaneros, creyendose en todo los primeros hombres del universo, é irritando á todas las Naciones con su insultante arrogancia.

Pero no me oyga V. M. á mi, ni sobre estos puntos, ni sobre el sacrificio dolorosisimo de la ciudad de Zaragoza ; dignese prestar su atencion á uno de los Aragoneses, à quienes la conducta de Palafox. ha hecho infelices.

« Cruel , le dice , ¿ como tubiste atre-
» vimiento para ocultarnos que el Rey no
» queria que nos defendiesemos ? Noso-
» tros, siempre leales , valientes siempre ,
» ofrecimos nuestros pechos fuertes y mag-
» nanimos al horror de la guerra, y crei-
» mos sacrificarnos dignamente por el bien
» de una patria que adoramos, y eu con-
» formidad de los deseos de un Rey á quien
» obedeciamos. Mas no era asi: y por ti
» nuestra generosidad era una inobedien-

» un acte de désobéisance, et notre valeur
» un crime de lèse-majesté. Vouliez-vous donc,
» ô Palafox ! en faisant couler à grands flots
» le sang de nos guerriers, y noyer les aigles
» françaises ?

» De pareilles prétentions étaient aussi fu-
» nestes que ridicules : l'Europe entière gémit
» encore. Sarragosse, tout intrépides que se
» montrèrent ses habitans, succomba enfin,
» et l'homme audacieux qui désobéit à notre
» monarque sous prétexte de le servir, ne re-
» cueillit pour prix de son audace que le triom-
» phe odieux d'avoir enseveli soixante et dix
» mille hommes, sous les ruines fumantes et
» ensanglantées d'une patrie qui faisait la gloire
» de l'Espagne.

» Je veux arrêter encore un moment, ô Pala-
» fox ! tes regards sur les désastres épouvan-
» tables que tu as appelés sur nos têtes.

» Vois amoncelés sur les décombres de nos plus
» beaux

» cia, y nuestro valor un crimen. Tuviste
» tiempo y ocasion infinitas veces para
» arrepentirte de tu negra perfidia, y compa-
» decerte del mal que nos causabas; pero
» el fanatismo te cegaba, y la ambicion te
» ensoverbecia..... ¿ Que ivas buscando
» con tu obstinacion temeraria?... ¿ Que
» diesen pruebas los Españoles, de su va-
» lor eminente?.... Y acaso eras necesarian
» para saberse que no lo hay mas he-
» royco?

» ¿ Pretendias rechazar á los Franceses?...
» Vano empeño, pues al fin sucumbimos
» á pesar de nuestros esfuerzos inauditos, y
» despues de haber visto perecer mas de
» setenta mil valientes entre los escombros
» de nuestra patria triste!

» ¿ Y que conseguimos con tanto sacri-
» ficio?.... ¿ Que al Rey por quien lo hacia-
» mos le fuese doloroso? ¿ Y que mas alcan-
» zamos de nuestro esfuerzo inutil?

» ¡ Ver nuestros campos talados y de-
» siertos! ¡ Ver nuestras casas en polvo
» reducidas! ¡ Ver nuestros padres, hijos
» y parientes divididos en trozos! ¡ Ver las

» beaux édifices cet effroyable amas de cadavres
» entassés sur la fange et privés des honneurs de
» la sépulture : vois s'entrouvrir avec un épou-
» vantable fracas les entrailles de la terre, et
» cent volcans divers lancer dans l'atmosphère
» les cendres froides de nos aïeux.

» La patrie voulait sa restauration et non sa
» ruine; un Roi compatissant et juste demandait
» une condescendance momentanée , et non une
» si horrible catastrophe. Rends-moi mon père,
» s'écrie l'enfant au berceau que tu as rendu or-
» phelin : rends-moi mon époux, dit la veuve
» désolée qu'il rendait heureuse ; et un monar-
» que cher à ses sujets dit plein d'un courroux
» concentré avec un des Césars : *Varus ,*
» *rends-moi mes légions.*

» esposas y nuestras madres tiernas mo-
» rir tambien rabiando, y sus cadaveres
» desnudos é insepultos! ¡ Y ver por fin
» abrirse con estruendo las entrañas del
» suelo, y cien volcanes lanzar al ayre las
» cenizas yertas de nuestros visabuelos,
» que sin reposo vagaban por el viento!
» Esto vimos absortos, con dignidad he-
» royca, aunque con dolor acerbo. ¿ Y por
» que todo?...¡ Por ti, por ti, malvado!

   » La patria hermosa su salvacion queria,
» y no ruinas, victimas y sangre. El Rey be-
» nigno hallarnos quiso mas florecientes, fe-
» lices y contentos. Las voces roncas de
» ochenta mil vivientes, y el eco triste de los
» sacrificados, reunidos ahora en ayes lasti-
» meros contra ti claman la justicia del cielo.
» ¡ Vuelveme al padre te pide el triste huer-
» fano ¡ ¡ Vuelveme al hijo te ruega tierna
» la desolada madre! ¡ Vuelveme pronto
» el dulce esposo, el bello amante mio !
» te gritan mil beldades; y el Rey te dice,
» con tono severisimo: ¡ *Vuélveme, Varo,*
» *las legiones mias :* vuelveme, vuelve-
» me mis subditos amados! »

11*

Voilà, Sire, le langage que pourraient adresser à Don Joseph Palafox et à ses satellites quelques-unes des innombrables victimes de cette soif insatiable de sang humain ; tandis que ni Palafox ni aucun de ses imitateurs, ne peut articuler un reproche contre les nobles Espagnols qui embrassèrent la cause du Roi Joseph. Ces derniers voulaient la paix, et d'accord avec les intentions tutélaires de Votre Majesté et de son auguste père, ils proclamèrent constamment l'union et la concorde à tous les Espagnols. Telle fut ma religion, et c'est sur elle que j'appelle l'enquête la plus formelle, le scrutin le plus sévère de ma conduite. J'ai agi comme il m'appartenait d'agir.

L'homme public doit sacrifier à l'intérêt général son repos, son bien-être, et jusqu'à son opinion : il doit être constant dans des principes qui ont pour base la justice, et ne pas se dégrader par des inconséquences qui tiennent à la félonie. Ses obligations et ses sermens ne peuvent être révoqués que par l'ordre

Esto es, Señor, el idioma patetico con que podria explicar sus quejas á Don José de Palafox , y á todos los que le han imitado en su horrible conducta, qualquiera de los infinítos desgraciados que ha producido su manejo, y su insaciable sed de sangre humana. Pero ninguno de los que han seguido la causa de Don José 1.° merecerá jamás apostrofes tan tristes. La paz quisieron , y acordes con V. M. y su padre augusto, siempre proclamaron la union de todos los buenos Españoles. Yo asi lo hice, y por lo tanto me hallo dispuesto à sufrir el exsamen de mi conducta, y á probar mi puro patriotismo.

El hombre publico debe sacrificar al interes comun su reposo, sus intereses y hasta su opinion y sus deseos mismos; debe ser constante en sus propositos, una vez que reconoce su justicia; no variar á cada instante de principios, y no degradarse con felonias, inconseqüencias y continuas vacilaciones. ¿ Contrae una obligacion, presta un juramento ?... Pues debe cumplirlo, y seguir siempre la causa á que se ha ligado ,

de son Roi, ou par le vœu de sa patrie ; il est tout à l'État, il n'est rien pour lui-même. L'homme privé et etranger aux fonctions politiques doit être mu par l'unique devoir de se maintenir dans la sphère paisible de ses affections domestiques ; et, *donnant à César ce qui appartient à César,* dans les momens orageux, où la raison ne peut commander la résistance, où la force ne peut suffire à répousser l'invasion, il peut s'embarquer sur la nacelle de la prudence pour se dérober au naufrage.

Dans cette position, dont je m'honore, je demande à Votre Majesté un jugement, le plus sévère jugement ; voilà ce que réclame mon honneur et ce que mon cœur désire. C'est par un jugement que je prouverai ce que je viens d'affirmer, que j'ai été *loyal,* obéissant à mes souverains et au roi Joseph Ier; que j'ai été *loyal,* en demeurant fidèle au serment que j'ai prêté à Bayonne; enfin que j'ai été *loyal,* lorsque le traité de Valencey a rétabli Votre Majesté sur le trône, et m'a permis de lui prêter à mon tour le serment de fidélité. Je prouverai aussi que j'ai toujours suivi les lois de l'hon-

hasta que el mismo interes de la patria le obligue á mudar de proposito. No asi el hombre privado y pasivo, que no toma parte alguna en las convinaciones politicas, y cuyo primer deber es la tranquilidad y el cuidado de sus haciendas y familia.

Este debe *dar al Cesar lo que es del Cesar;* y quando ni la razon aconseja, ni la fuerza puede lograr que se rechaze una dominacion, sujetarse á ella, y asido de la tabla de la prudencia, salvarse del naufragio como pueda.

En este concepto pido á V. M. un juicio, un severo juicio, pues es lo que necesita mi honra, y lo que alegrará mi corazon. En el se probará, como yo acabo de acreditarlo, que fui *leal* obedeciendo á mis Soberanos y al Rey Don José 1.º, por su mandato; que fui *leal* permaneciendo fiel al juramento prestado en Bayona; y que he sido tambien *leal,* quando el tratado de Valencey ha restituido á V. M. al trono, y me ha permitido prestarle el juramento de fidelidad : se probará tambien que he procedido con honor, y que no he manci-

neur, et que je n'ai pas souillé mon antique réputation ni la renommée de mes ancêtres.

Aux attestations que je pourrai présenter des municipalités des villes, j'en puis encore joindre beaucoup d'autres de personnes très-respectables qui ont été témoins de mes opérations, et de personnages employés dans des postes éminens du gouvernement français, et qui jouissent d'une réputation brillante et bien méritée.

Enfin, je prouverai que le jugement rendu par le conseiller de Castille, *Don Joseph Maria Puig* et deux autres juges, condamnant ma femme à rendre une petite table d'acajou au brigadier Socobio, a été donné sans la connaissance nécessaire des faits; il est certain que sa famille la vendit librement au prix de 250 francs, qu'on lui paya par la main de M. Darripe, en sorte que cette propriété avait toutes les qualités qui la rendaient légalement acquise, et prouvent la nullité qui caractérise l'action de l'arracher à ma femme et à mes enfans devenus ses légitimes possesseurs, comme le prouve l'attestation ci-après (1). On ne devait pas s'attendre à éprou-

____

(1) *Voyez* la Pièce justificative, N.º XV.

llado ni mi opinion antigua, ni la fama de mis antepasados.

A·las certificaciones que podré presentar de las municipalidades de los pueblos se agregarán otras infinitas de personas mui respetables, que han sido testigos de mis operaciones, y de sujetos mui dignos que gozan de la reputacion mas brillante y bien merecida entre los empleados franceses, y que ocupan ahora mismo elevados puestos del gobierno.

Por ultimo, se probará que la sentencia que ha dado el Consejero de Castilla *Don José Maria Puig,* y otros dos jueces, condenando á mi muger á que entregase una mesita de caoba al brigadier Socobio, es dada sin el conocimiento devido de los hechos ; pues la vendió su familia libremente, y se pagaron por ella mil reales por mano de Don Pedro Darripe. Esta propiedad tenia todas las calidades que la hacian legálmente adquirida, y acreditan la nulidad que envuelve el acto de despojar de ella á mi muger y á mis hijos, que estaban en legitima posesion, como lo acre-

ver cette lésion de la part des ministres du premier tribunal de la nation, qui, puisqu'ils prennent connaissance de ces petitesses, devraient au moins le faire d'une manière irréprochable, et digne de l'ancienne réputation d'équité du respectable conseil de Castille.

Outre ce fait que je viens d'exposer, et la preuve que j'ai donnée qu'il n'y a pas eu de Roi *intrus*, ni de *traîtres*, ni de *déloyaux*, pour avoir servi pendant son règne, je prouverai aussi la fausseté et l'injustice de tout autre chef d'accusation, comme de toute insulte qu'on voudra diriger contre moi. Par ces efforts mêmes, si souverainement ridicules de nos ennemis pour noircir notre réputation, et par cet amas d'impostures, on pourra mesurer toutes celles qu'ils ont eu la hardiesse d'inventer ou qu'ils inventeront encore : ils ont même porté les choses à un tel point, que les tentatives qu'ils font pour nous avilir tendent à nous élever encore davantage, et que leurs persécutions nous honorent.

Je termine cette apologie en invitant mes adversaires à cesser de publier des pamphlets de la dernière indécence, où ils se permettent des

dita el Documento N.º 15. No devía esto
esperarse de parte de unos ministros del
primer tribunal de la Nacion, que yá que
se ocupan de semejantes frioleras, debieran
hacerlo en terminos de no dejar motivo á re-
clamaciones, y de sostener la antigua fama
de justicia que ha tenido siempre el respetable consejo de Castilla.

Como acreditaré este hecho, y he probado que no hay tal Rey *intruso*, ni
tales *traydores*, ni tales *desleales*, por
que le hayan servido, probaré tambien la
falsedad y la injusticia de qualquiera otro
cargo ó insulto que quiera dirigirseme. Por
estos ridiculisimos esfuerzos de nuestros enemigos á denigrar nuesta memoria, y por
estas miserables imposturas pueden me-
dirse todas las demas que han pensado, que
piensen, y que intentar puedan; y ya han
llegado las cosas á un extremo en que quanto mas pretenden degradarnos mas nos en-
salzan, y quanto mas nos persiguen mas nos
honran.

De nada sirve que publiquen folletos in-
decentes, cargados de palabrotas denigran-

calomnies atroces et de honteuses personnalités. Plus ils accumulent de crimes de notre part,
plus ils sont contraints d'en administrer la
preuve, et dans l'impossibilité de le faire, leur
opprobre met notre innocence dans le plus
grand jour.

L'innocence doit toujours triompher de la
perversité ; et pendant qu'on voit l'homme
persécuté couvert de gloire le jour de sa justification, ses délateurs, cherchent et ne trouvent pas un asile pour cacher leur confusion,
leur honte et leur perfidie. Ils concentrent
alors leurs vices dans le fond de leurs cœurs
ulcérés, meditant de nouveaux crimes, et signa-
lant de nouvelles victimes à leur férocité ; mais
du moment que leurs attentats seront atteints
par la loi, les hommes vertueux vivront libres
et tranquilles, et la vertu reprendra son sceptre
brisé.

Je supplie donc Votre Majesté dès à présent,
de daigner nommer le tribunal qui doit me
juger, et en attendant qu'il me soit rendu jus-

tes, de personalidades vergonzosas y de calumnias atroces, pues quanto mas crimenes imaginarios amontonen, mas pruebas tendrán que presentar luego para justificarlos, y como no pueden hacerlo, quedará burlada su osadia y confundida su malignidad.

No hay que cansarse, la inocencia triunfa siempre, siempre de la perversidad, y al paso que el hombre perseguido se vé coronado de gloria el dia de su justificacion, sus delatores, sus enemigos impotentes, no encuentran parage donde ocultar su confusion y su vergüenza; y se quedan con todos sus vicios reconcentrados en si mismos, meditando nuevos crimenes, y designando nuevas victimas á su ferocidad. Pero si la ley los alcanzase y castigara quando ejecutan sus infamias, no les daria aliento la impunidad; los hombres de bien vivirian mas seguros y mas libres de sus ataques rateros y clandestinos, y enfin la virtud respiraria.

Suplico, pues, á V. M. desde ahora, que se digne señalar el tribunal que haya de juzgarme, y entretanto que á mi se me hace

tice, et que je puisse présenter une multitude
de preuves, qui couvriront de honte et de confusion le capitaine général Villariezo et le reste
de mes ennemis; je demande à Votre Majesté,
ce qui ne saurait m'être refusé en droit, d'ordonner à ce capitaine général de faire connaître les motifs qu'il a eus, pour exiler de
Madrid une dame aussi respectable et aussi
innocente, que l'est Dona Maria Theran de
Amorós, et que dans le cas où, contre mon opinion, ces motifs ne seraient pas légitimes ni
suffisans, Votre Majesté daigne ordonner à ce
chef militaire de donner une satisfaction com-
plète à sa victime; qu'il soit puni pour l'exemple des autres de la peine qu'il mérite, et qu'il
soit tenu de l'indemniser de tous les dommages
et souffrances qu'elle et ses innocens enfans auraient pu éprouver par sa témérité.

Il est très-possible que quelques ministres de
Votre Majesté cherchent à lui persuader que je
lui manque de respect, de même qu'ils ont
voulu lui faire croire que l'ancien mode d'administrer est le meilleur, et que toutes les nou-
veautés introduites ont été nuisibles, quoique la

justicia; y se ofrecen la multitud de pruebas que llenarán de rubor, y confusion al capitan general Villariezo y á todos mis enemigos, pido á V. M. lo que no puede negarseme en derecho, y es, que mande al referido capitan general dé los motivos que ha tenido para desterrar de Madrid una señora tan respetable é inocente como Doña Maria Theran de Amorós, y en el caso de que no sean legales, ni suficientes, como estoy mui seguro que no lo serán, que se sirva V. M. mandar al mismo xéfe, dé una satisfaccion completa á su perseguida victima; que se castigue al mismo Villariezo para escarmiento de otros, con las penas que merece, y se le hagan subsanar todos los perjuicios que hubiesen padecido por su causa Doña Maria Theran de Amorós y sus preciosos é inocentes hijos.

Es mui posible que algunos de los ministros de V. M. le quieran persuadir que yo le falto al respeto, de la misma manera que le han querido hacer creer, que el mejor modo de administrar es el antiguo, y que las novedades introducidas han sido malas,

plupart d'entre elles fussent conformes *aux lumières et à la civilisation des nations de l'Europe*. Mais, Sire, je supplie ardemment Votre Majesté de ne pas prêter l'oreille à cette nouvelle imposture et à ces perfides conseils; car ce que je censure dans ma respectueuse Représentation, et ce qui fait l'objet de mes justes plaintes, ce sont les ordres de quelques ministres et du capitaine général Villariezo, et non le seul décret que j'ai vu signé par Votre Majesté, celui du 4 mai.

Enfin, Sire, si quelqu'un pouvait croire aussi que je me plains avec trop de véhémence, qu'il se place dans ma position, et qu'il me juge ensuite. Mais s'il ne se trouve pas dans le même cas, je refuse formellement son suffrage. Le style a la même propriété que les visages, aucun ne ressemble à un autre; la physionomie du mien a été toujours la même; elle a participé de l'ardeur de mon caractère, et je proteste que je n'ai jamais eu l'intention de manquer au respect qu'on doit au souverain, ce que j'ai prouvé à Votre Majesté par des actions bien

mieux

sin embargo de que la mayor parte de ellas estaban arregladas *á las luces y cultura de las Naciones de Europa.* Pero, Señor, ruego encarecidamente á **V. M.** que no preste oidos á este nuevo engaño, y perfido consejo, pues lo que critico en esta mi reverente representacion, y de lo que me quejo y puedo quejarme, es de las ordenes de algunos ministros y del capitan general Villariezo, mas no del unico decreto de 4 de mayo que he visto firmado por **V. M.**

Enfin, Señor, si alguno creyese tambien que me produzco con demasiada vehemencia, que se ponga identicamente en mi lugar y venga despues á juzgarme. Pero si no se hallase en el mismo caso, desde ahora le recuso. **El** estilo tiene la misma propriedad que los semblantes : ninguno se parece. **La** fisionomia del mio ha sido siempre la misma; ha participado del ardor de mi caracter, y protesto que no he tenido intencion de faltar al respeto que se debe al Soberano, y que yo he acreditado á **V. M.** con obras mejor que con palabras. Las heridas hechas al *honor* son las mas crueles;

mieux que par des phrases. Les blessures faites à *l'honneur* sont les plus cruelles ; les coups dirigés au *cœur* sont les plus sensibles.

En m'appelant *déloyal*, on m'attaque le premier ; en offensant ma femme et mes enfans, on outrage le second ; et je ne serais pas digne du titre d'homme , ni de respirer au milieu d'eux une minute, si je ne repoussais ces deux insultes avec toute mon énergie et toute ma sensibilité.

Je prie Dieu qu'il daigne faire prospérer la vie et le règne de Votre Majesté pendant de longues années. — Paris, 18 septembre 1814.

SIRE,

Aux pieds de Votre Majesté,

Son très-loyal, obéissant sujet et bon Espagnol,

Le Conseiller d'Etat,

FRANCISCO AMORÓS.

los tiros dirigidos al *corazon* los mas sensibles:

Llamandome *desleal*, me atacan el primero; ofendiendo á mi muger y mis hijos, me oprimen el segundo, y no seria digno del titulo de hombre, ni de vivír entre ellos un minuto, si no rebatiese ambos insultos con toda mi energía y toda mi sensibilidad.

Ruego á Dios prospere la vida y el reynado de V. M. por muchos años. Paris, 18 de setiembre de 1814.

SEÑOR,

A. L. R. P. de V. M.,

Su mas leal, obediente subdito y buen Español,

El Consejero de Estado,

FRANCISCO AMORÓS.

APPENDIX.

Tandis que je faisais imprimer cette Représentation, on a publié à Madrid et ailleurs, quelques mémoires ou lettres qui réclamaient une réponse particulière ; mais j'ai répondu d'avance en général à tous ces écrits par les réflexions et les preuves que comprend ma défense. Parmi ces mémoires, on voit un pamphlet très-indécent, qui présente tous les caractères d'un *libelle diffamatoire*, et qu'on a permis de publier à l'Imprimerie royale de Madrid, sous ce titre : *Les fameux traîtres réfugiés en France, convaincus de leurs crimes, et justification du décret royal du 30 mai,* par F. M. M. M. C.

L'anonyme croit qu'en ne faisant autre chose que de lancer à tort et à travers des épithètes infamantes, des faussetés, et des paroles malhonnêtes et grossières, on sera convaincu des prétendus crimes de douze mille pères de famille, tous très-connus, et tous capables de se nommer sans aucune difficulté.

Les initiales du nom de cet anonyme commençant par un *F*, on voit que c'est quelque *moine*, et il doit savoir qu'aux yeux de la société, de la politique et de la philosophie, quelque père de famille que ce soit est plus important

APÉNDICE.

Interin que se ha impreso esta Representacion, se han publicado en Madrid y en otras partes algunas memorias ó articulos de cartas que reclamarian una contextacion particular, si no estubiese respondido en general á todos ellos por medio de las reflexiones y pruebas que comprende mi escrito precedente. Entre dichas memorias se halla un folleto indecentisimo, con todos los caracteres de *libelo infamatorio*, y que han permitido imprimir en la imprenta real de Madrid con el titulo de *los famosos traydores refugiados en Francia,* CONVENCIDOS *de sus crimenes y justificacion del real decreto de* 3o *de mayo por* F. M. M. M. C.

Este anonimo viperino cree que con poner epitetos infamantes á diestro y siniestro, y amontonar falsedades y palabrotas descompuestas y groseras *ha convencido de sus pretendidos crimenes* á doce mil padres de familia, todos conocidos, y que pondrán su nombre sin avergonzarse en qualquiera de sus escritos, pues no tienen para nada que ocultarse como él lo hace.

Empezando las iniciales de su eterna denominacion por una F.... venimos á parar en que podrá ser algun *Frayle,* y ha de saber el mui desdichado que á los ojos de la sociedad, de la politica y de la filosofia, qualquier padre de familia vale mas para un

pour l'état que tous les moines réunis du monde entier(1).
On a permis à celui-ci de nommer beaucoup de personnes
respectables, et de les attaquer lâchement, puisqu'il ne
se montre pas à découvert(2). Un anonyme ne mérite pas
de réponse ; et quant à moi , au lieu de me plaindre de
l'épithète injurieuse qu'il m'a appliquée , je suis très-
content de me trouver parmi les objets de son aversion ;
ce que je regarde comme un nouveau titre de patriotisme
et de fidélité.

Je l'invite néanmoins à me prouver ma prétendue *infamie*, à la *publier* , et à la *signer*. Alors il m'entendra, et,
en attendant, comment pourrions-nous nous étonner qu'un
salarié de la faction ennemie dominante s'explique de
cette manière contre les royalistes constitutionnels réfugiés en France ; quand nous voyons permettre qu'on attaque la réputation des hommes les plus distingués de
l'Europe, et parmi eux le Prince de Bénévent, qui non
seulement a mérité l'estime du vertueux Louis xviii et
de tous les Souverains du continent , mais que le même
Roi Ferdinand a honoré de récompenses , en déclarant

----

(1) On dit que c'est le révérend Père de la Mercy , P. Manuel
Martinez.

(2) Il est possible que , dans le congrès de Vienne , on discute
des questions moins importantes que celle-ci. La tranquillité
peut-elle exister en Europe, tant qu'il y aura des moines ? Con-
çoit-on que la liberté civile et le bonheur puissent se concilier
avec l'inquisition ? Le congrès, qui ferait disparaître du monde
ces deux institutions, mériterait bien de l'humanité , et la tranquillité de l'Europe est plus intéressée qu'on ne croit à son
anéantissement.

estado que todos los Frayles reunidos del universo (1). Le han tolerado la demasia de nombrar una
multitud de personas respetables y de atacarlas cobardemente, pues el no se manifesta (2). Ningun
anonimo merece contextacion, y por mi parte en
vez de considerarme ofendido de este, por el epiteto
que me ha cabido, he celebrado que me designe en
tre los objetos de su aversion, pues es un nuevo
titulo para mi de patriotismo y de fidelidad.

Mas le invito á que me pruebe una *infamia*; á
que la *publique*, y se *firme* al pie de ella. Entonces
me oirá, y entre tanto ¿ como podemos admirarnos
de que un asalariado por la faccion enemiga dominante se produzca de este modo, contra los realistas
constitucionales refugiados en Francia, quando vemos permitir que se ataque la fama de los hombres
mas insignes de la Europa, y entre ellos del Principe de Benevento, que ne solo merece el aprecio del
virtuoso y benigno Luis xviii y de todos los Soberanos del continente, sino que el mismo Rey Fernando ha colmado de honras y ha dicho que tiene

---

(1) Dicen que es Fr. Manuel Martinez, mercenario calzado.

(2) Tal vez se tratarán en el congreso de Viena, questiones
menos importantes que las siguientes ¿ Puede haber tranquilidad en Europa interin haya Frayles? ¿ Puede haber libertad civil ni felicidad donde hay inquisicion ? El congreso
que hiciese desaparecer del mundo estas dos instituciones merece-
ria bien de la humanidad, y el sosiego de la Europa está mas interesado en ello de lo que puede imaginarse.

qu'il lui avait des obligations essentielles. Quand on porte l'impudence à un tel degré, quand la morale publique est outragée de cette manière, quand les ministres d'un Dieu de paix et de bonté se permettent de proclamer des principes de perfidie, d'inventer des calomnies, et enfin quand on ne reconnaît aucun frein, comment pourrions-nous être étonnés de tout ce qui se passe en Espagne?

Le système adopté semble permettre que les passions usurpent l'empire de la raison, que les calomnies soient considérées comme des preuves, et que les hommes les plus abjects remplacent les hommes les plus distingués. Malheureuse Nation!.... Mais non, elle ne l'est pas selon l'opinion de quelques-individus, et ce sera l'unique circonstance que je me permettrai d'examiner pour le moment.

On vient d'insérer, dans le Moniteur du 23 septembre 1814, un article conçu en ces termes.

Espagne. — *Madrid, le 6 septembre.*

Extrait d'une lettre de M. le duc de St.-Simon, grand d'Espagne, à M. de Fautras, vice-amiral, commandeur de l'Ordre royal militaire de Saint-Louis.

M. le duc de Saint - Simon, après avoir parlé de l'accueil flatteur que lui et sa fille ont reçu du Roi d'Espagne et des princes de la famille royale, continue ainsi : « *Notre bonheur est encore augmenté par celui*

motivos de estarle agradecido ? Quando la impudencia se lleva á tal extremo ; quando la moral publica
se ultraja de este modo ; quando hasta los ministros
de un Dios de paz y de bondad se permiten predi-
car principios de perfidia é inventar calumnias, y
enfin quando no se reconoce ningun genero de freno,
¿ como podremos admirarnos de nada de lo que pasa
en España ?

El sistema adoptado permite que las pasiones
hayan usurpado el imperio de la razon, que las calumnias se consideren como pruebas, y que los hombres mas abyectos ocupen el puesto de los mas dis-
tinguidos. ¡ Desgraciada Nacion !... Pero no, no lo
es, segun dicen algunos; y esta será la unica circuns-
tancia que por ahora me ocuparé de exâminar.

Acaba de insertarse en el Monitor del dia 23 de
setiembre de este año de 1814 un articulo concebido
en estos terminos.

Eɴ España. — *Madrid, 6 de setiembre.*

Extracto de una carta del Señor Duque de S. Simon,
grande de España, á M. de Fautras, vice-almi-
rante, comendador del Orden real y militar de
S. Luis.

*El S. Duque de San Simon , despues de haber
hablado del recibimiento distinguido que él y su
hija han tenido del Rey de España y de los principes de la familia real , continua de este modo :
« Nuestra felicidad se ha aumentado todabia por*

du public et par le spectacle que nous donnent chaque jour l'amour et l'enthousiasme des Espagnols pour Ferdinand VII. La plus grande et la plus douce tranquillité règne dans cette capitale et dans toute l'Espagne. Ne croyez pas aux contes que l'on fait à Paris, dont quelques-uns nous reviennent....... Ce pays-ci marche à grands pas et à pas assurés vers la plus grande prospérité, et il est dès ce moment très-heureux. Le pillage et la dévastation, auxquels il a été en proie pendant quelques années, peuvent sur quelques points retarder la félicité publique; mais rien ne peut l'empêcher. Tout les obstacles seront surmontés par les vertus de Ferdinand, et par le caractère plein d'énergie de la Nation espagnole; elle est toujours restée elle-même: il est impossible de voir dans les mœurs, dans les coutumes et dans les usages de la vie, la plus petite trace du séjour des étrangers; rien d'anglais, rien d'allemand, rien de français: les Espagnols sont ce qu'ils étaient il y a vingt ans, il y a cent ans. Jamais la gravité espagnole n'a été plus fière: c'est une superbe et admirable Nation ».

Les sentimens de reconnaissance que démontre cette lettre pour le favorable accueil que le duc de Saint-Simon et sa fille ont reçu du Roi d'Espagne, font honneur au cœur de son Excellence; mais cette même reconnaissance est une de ces modifications de l'ame, qui exposent quelquefois à des exagérations et à des erreurs; mais ce duc n'a pas choisi le moment le plus favorable pour parler le langage calme de la raison. Il venait d'arriver à Madrid; il ne voyait d'autre enceinte que celle de la

la del publico , y por el espectaculo que nos dá
cada dia el amor y el entusiasmo de los Españoles
por Fernando *VII*. La mayor y mas dulce tranquilidad reyna en esta capital y en toda la España.
No crea Vsted los cuentos que se fabrican en Paris,
algunos de los quales nos llegan aqui..... Este pais
marcha á grandes pasos , á pasos seguros hacia la
mas grande prosperidad , y desde este momento es
mui dichoso. El pillage y la devastacion , á que
estubo expuesto durante algunos años pueden en
algunos puntos retardar la felicidad publica ; pero
nada puede impedirla. Todos los obstaculos serán
vencidos por las virtudes de Fernando , y por el
caracter lleno de energia de la Nacion española ;
ella ha quedado siempre lo que es : es imposible
ver ni en sus costumbres , ni en los usos de la
vida el rasgo mas pequeño de la mansion de los
extrangeros : nada de ingles , nada de aleman ,
nada de frances : los Españoles son lo que eran
hace veinte años , hace cien años. Jamas la gra-
vedad española ha sido mas digna ni mas noble :
es una soberbia y admirable Nacion ».

Los sentimientos de gratitud que demuestra esta
carta por el buen acogimiento que habian tenido el
Duque de San Simon y su hija hacen honor al corazon de su Excelencia ; pero la gratitud es una de
aquellas modificaciones del alma que suelen expo-
ner á exsageraciones y deslices y para hablar el lenguage recto de la razon no ha elegido el Duque el
mejor momento. Acababa de llegar á Madrid ; no

cour; il ne pouvait pas avoir de renseignemens sur *toute l'Espagne ;* et l'unique objet qui l'affectait était son propre bonheur, et celui de quelques courtisans.

Enfin la sphère d'où sa lettre est partie, et ses rapports, sont très-circonscrits, et voilà pourquoi ses observations ne sont pas d'accord avec ce qui se passait en même temps dans la Péninsule. Quand son Excellence croit que la plus grande et la plus douce tranquillité régnait en Espagne, à Cadix, il y avait une révolution populaire qui durait depuis deux jours, et dans laquelle on demandait la *constitution ,* dont le nom, tracé en lettres d'or sur une planche d'argent, fut mis dans les places publiques. On proclamait Charles IV, et différentes pesonnes étaient fusillées par un jugement des commissions militaires.

Quand le duc de Saint-Simon croit que l'Espagne *marche à grands pas et à pas assurés vers la plus grande prospérité, et qu'elle est dès ce moment très-heureuse ,* une grande partie des familles très-distinguées, très - respectables, et très-innocentes, marchent vers les frontières de France, ou traversent les Pyrénées, cherchent le bonheur dont on ne leur permet pas de jouir dans leur patrie ; et il est très-singulier que le même Moniteur qui contient la lettre du Duc renferme aussi la motiou du respectable député de la chambre des départemens, le baron de Mortarieux , en faveur des Espagnols réfugiés, dans laquelle on trouve ce qui suit : « Il y a eu d'autres fonctionnaires d'Espagne, » qui en sont sortis, et sont venus en France, où ils » augmentent l'embarras que causait déjà le séjour trop

veia mas recinto que el de la corte ; no podia tener noticias de *toda la España* y el unico objeto que le ocupaba era la propia dicha que sentia al verse tan bien recibido y la de algunos cortesanos.

Enfin la esfera de donde parte su carta y sus relaciones es limitadisima , y en esto consiste que no esté acorde con lo que pasaba al mismo tiempo en la Peninsula. Quando su Excelencia creia que la mayor y la mas dulce tranquilitad reynaba en *toda la España* , habia en Cadiz dos dias de rebolucion popular, pidiendo la constitucion ; que se colocase una lapida de plata con su nombre en letras de oro: aclamando á Carlos IV, y se fusilaban algunas personas por sentencia de comisiones militares.

Quando su Excelencia cree que la España marcha á grandes pasos á su prosperidad y que en este mismo momento es mui dichosa, una multitud de familias, mui dignas, mui respetables y mui inocentes, marchaban hacia las fronteras de Francia ó entraban en ella, buscando una felicidad que no les permiten gozar en su patria ; y es mui particular que el mismo Monitor que comprende la carta del Duque, contiene la mocion del respetable diputado de las camara de los departamentos, el Baron de Mortarieux, á favor de los Españoles refugiados, donde se dice entre otras cosas « que á mas de los » primeros refugiados (que somos nosotros) han » entrado otros despues, los quales aumentan el » compromiso que causaba á los departamentos me-

» prolongé des premiers réfugiés Espagnols aux habitans
» des départemens des frontières ».

Ces nouveaux réfugiés sont ceux qu'on appelle *les libéraux*, poursuivis à présent avec autant d'acharnement que nous; en sorte que la tranquille et très-heureuse Espagne chasse de son sein un nombre indéfini de patriciens, qui ne peuvent y trouver la tranquillité et le bonheur dont le duc de St.-Simon jouit étant Français. Ce qui est d'autant plus singulier que dans ce moment, l'Espagne est l'unique puissance de l'Europe qui chasse de son sein ses enfans, que toutes les autres Nations appellent et reçoivent avec cordialité. M. le duc a le bonheur de pouvoir être heureux avec des moyens qui rendent d'autres très-malheureux; et certainement il est digne d'envie.

Son Exc. a abandonné la France, qui est un pays bien constitué, libéral, riche, industrieux, rempli de lumières et heureux à beaucoup d'autres titres, et il a choisi de préférence un pays pauvre, à cause de la perte d'une grande partie de ses colonies; inquiet par la proscription des partis; mécontent par les *purifications* ou justifications de la bonne conduite de plusieurs milliers d'individus, et par la restitution aux moines des biens légitimement acquis; un pays dévasté par les horreurs de la guerre, et dans lequel, pour surcroît de tant de malheurs, on a rétabli les moines et l'inquisition.

Je ne prendrai pas la liberté de dire à M. le duc de S.t-Simon qu'il a mal fait de préférer, dans ces circonstances, l'Espagne à la France, parce que, telle qu'elle est, c'est ma patrie, et l'objet de mon culte; mais si je ne me permets pas de critiquer son choix, il ne devra pas non plus trouver mauvais que je préfère maintenant la France

» ridionales la residencia demasiado prolongada de
» los primeros ».

Estos nuevos refugiados son los que llaman *libe-rales*, perseguidos ahora con tanto encarnizamiento
como nosotros; de modo que la tranquila y feliz
España repele de si en el dia un numero indefinido
de familias españolas, que no pueden hallar en ella
la tranquilidad y la dicha que encuentra el Señor
Duque de San Simon, siendo Frances. Esto es tanto
mas de admirar actualmente, quanto que sola la
España es la que arroja de su seno á sus hijos, al
paso que todas las Naciones los llaman y reciben
cordialmente. Este Señor Duque tiene la fortuna de
poder ser feliz con lo mismo que otros son mui des-graciados, y á la verdad es envidiable.

Su Excelencia ha salido de un pais constituido,
qual es la Francia, liberal, ilustrado, rico, indus-trioso y feliz por otros muchos titulos, y ha prefe-rido irse á un pais pobre por la perdida de gran
parte de sus colonias ; inquieto por la proscription
de los partidos; disgustado por las purificaciones
de muchos millares de individuos; resentido por la
devolucion de ·los bienos legalmente adquiridos;
desolado por los horrores de las guerra; y donde
se ha restablecido por complemento de todo al im-perio de los frayles y de la inquisicion.

No me atreveré á decir al Señor Duque que haya
hecho mal en preferir la España á la Francia, pues
tal como está es mi Patria y yo la amo; pero tampoco
extrañará que en las actuales circunstancias prefiera

à l'Espagne, et que je lui assure que je ne pourrais pas être dans la Péninsule aussi heureux que l'est son Excellence, et sur-tout voyant autour de moi tant de malheureux. *Les contes que l'on fait à Paris* ne sont pas des contes : ce sont des faits, et un fait prouve plus que cent raisonnemens.

M. le duc me permettra encore de lui dire que S. Exc. n'est pas l'unique personne qui écrive à Paris sur l'état de l'Espagne, ni le seul qui puisse voir les objets clairement ; son Exc. sait que, parmi les réfugiés Espagnols, il y a des hommes très-dignes d'estime et de considération ; et moi-même j'ai vu son Exc. les rechercher. Elle sait aussi qu'ils ont des nouvelles très-exactes et très-sûres de ce qui se passe dans leur pays, et qu'ils ne sont pas capables de *faire des contes.*

Madame Amorós et ses trois enfans viennent d'entrer en France, après avoir souffert une quatrième sommation par l'adjudant de la place Guizaburuaga (3), et la quatrième visite des médecins, qui ont déclaré encore qu'elle n'était pas en état de partir. Ce n'est pas *un conto,* mais un fait qui prouve plus que ce qu'on peut imaginer.

Quand M. le duc de S.t-Simon dit : « *Les Espagnols* » *sont ce qu'ils étaient il y a vingt ans, il y a cent* » *ans* », il n'en fait pas, à la vérité, un grand éloge, parce que dans ce temps on a fait de belles découvertes, soit dans les sciences physiques, soit dans les connais-

---

(3) Ce *Guizaburuaga,* qui servit le Roi Joseph, est une créature de Villariezo, et il veut à présent mériter les bonnes grâces du Gouvernement, en poursuivant avec férocité ceux qui suivirent le même parti que lui. Voilà un des bonheurs dont on jouit à Madrid.

yo la Francia á la España , y que quando no le critique el gusto que tiene , le asegure que no podria ser dichoso con la facilidad que Su Excelencia en aquel pais y mucho menos viendo en torno mio tantos desgraciados. Los cuentos que dice se fabrican en Paris no son cuentos ; son hechos , y un hecho prueba mas que cien raciocinios.

El Señor Duque me permitirá decirle tambien que ni es el unico que escribe á Paris sobre el estado de España, ni el unico tampoco que vé con claridad los objetos : sabe que hay entre los refugiados hombres mui dignos de apprecio y de respeto, y yo le he visto buscarlos; y sabe que tienen mui exâctas y mui seguras noticias , y que no son capaces de fabricar cuentos.

Madama Amorós y sus tres tiernos hijos acaban de entrar en Francia , despues de haber sufrido quarta intimacion por el Ayudante de la Plaza de Madrid Guizaburuaga (3) y quarto reconocimento de facultativos, que declararon no hallarse todabia en estado de partir. Este no es un cuento, y sí un suceso, que prueba mas de lo que puede imaginarse.

El decir que los Epañoles de ahora son lo mismo que » *les Españoles de veinte años hace, y aun de ciento* » , no es á la verdad un grande elogio, porque en este tiempo se ha descubierto mucho, tanto en las ciencias fisicas como en las politicas , se ha apren-

____

(3) Este *Guizaburuaga* sirvió al Rey José , es hechura de Villariezo , y quiere contraher ahora meritos, persiguiendo cruelmente á los que siguieron el mismo partido que él. Esta es una de las felicidades que se disfrutan en Madrid.

sances politiques ; on a appris beaucoup, et il est plus couvenable aux Nations de se mettre en équilibre par rappport aux connaissances utiles, que de rétrograder vers l'état de barbarie, ou d'y persister. Le Roi Ferdinand VII a parlé dans ce sens, quand il a dit, dans son décret du 4 mai, qu'*il réglerait la monarchie selon les lumières du siècle.* Nous savons aussi quels sont les défauts et les perfections de la Nation à laquelle nous appartenons, et on ne pourra nous refuser la possibilité de la connaître aussi bien et mieux que les étrangers.

On doit remercier beaucoup M. le duc de l'enthousiasme avec lequel il dépeint la Nation espagnole, et cela lui fait encore honneur ; mais, quand une grande partie de cette même Nation ne peut être heureuse comme S. Exc. l'est elle-même, et quand une partie de la même Nation souffre des persécutions, des malheurs qu'elle n'a pas mérités, la justice, la raison, la générosité et même la politique exigent qu'on ne s'efforce pas à la déprimer de plus en plus, en supposant que ses assertions et raisonnemens ne méritent pas d'être crus.

Les sentimens d'élévation qui animent M. le duc de St-Simon lui démontreront qu'il ne serait pas honorable pour lui de se confondre dans la foule de nos détracteurs ; et moi je ne m'attends pas à le trouver jamais au nombre de nos ennemis.

L'Espagne nous chassant de son sein pour le moment, et la France nous offrant un asile honorable, il convient de ne pas oublier que nous n'avons pas fait la guerre à cette généreuse Nation, et que notre sacrifice provient d'avoir suivi le principe de l'union des intérêts de deux peuples, qui sont aussi intimes que son contact physique,

dido infinito, y conviene mas á las naciones nivelarse
en los conocimientos utiles, que retroceder á la barbarie ó persistir en ella. En este mismo sentido
se explicó el Rey Fernando 7.° en su decreto de
4 mayo, quando prometió *arreglar la monarquia
segun las luces del siglo.* Sabemos mui bien quales
son los defectos y las perfecciones de la Nacion, de
que somos miembros, y no podrá negarsenos la
posibilidad de conocerla tan bien ó méjor que los
extrangeros.

Es mui de agradecer al Señor Duque el entusiasmo con que pinta la Nacion española, y tambien
esto le hace honor; pero quando una gran parte de
esta misma Nacion no puede ser tan feliz como su
Excelencia, y sufre persecuciones y desgracias, que
no merece, exigen la justicia, la razon, la generosidad y aun la politica que no se trabaje á deprimirla
mas, poniendo en duda sus asertos y raciocinios.

Los sentimientos elevados que animan al Señor
Duque de San Simon le dictarán que no le seria honroso confundirse entre la turba de nuestros detractores, y yo no espero contarle jamas en el numero
de nuestros enemigos.

Y supuesto que la España nos arroja por ahora de
su seno, y que la Francia nos ofrece un abrigo honroso, bueno es se tenga presente que nosotros no
hemos hecho la guerra á esta ultima Nacion generosa, y que nuestro sacrificio dimana de haber pro-
fesado los principios de union de intereses de ambas
Naciones, que son tan intimos como lo es su con-

13*

et aussi constans que les bornes naturelles qui les séparent. Par ces raisons nous ne pouvons être considérés comme des prisonniers de guerre; et cette qualification serait aussi injuste qu'offensante pour la dignité et la gloire françaises. Le juste Roi Louis XVIII se souviendra, d'une part, qu'il est le Bourbon le plus puisssant des Bourbons régnans, et, d'une autre, qu'il est Roi des Français; et il ne pourra pas regarder avec indifférence ceux qui ont voulu et veulent être les éternels amis de ses sujets, étant par cela même de très-honnêtes et très-bons Espaguols; et ceux-ci sont les premiers Espagnols réfugiés en France.

FIN.

tacto fisico, y tan constantes como la naturaleza en que están fundados. Por lo tanto nunca podemos ser tratatos ni considerados como prisioneros de guerra, y esta calificacion seria tan opuesta á la justicia, como chocante á la dignidad francesa y ofensiva á su verdadera gloria. El justo Rey Luis XVIII, teniendo presente por una parte que es el Borbon mas poderoso de los Borbones reynantes, no olvidará por otra, que es Rey de los Franceses, ni mirará con desden á los que quieren ser amigos eternos de sus subditos, siendo al mismo tiempo mui honrados y mui buenos Españoles, y estos son los primeros Españoles refugiados en Francia.

FIN.

DOCUMENTOS
JUSTIFICATIVOS.

PIÈCES
JUSTIFICATIVES.

PIÈCES

JUSTIFICATIVES,

Citées dans la Représentation faite au Roi d'Espagne, Ferdinand VII, par le Conseiller d'Etat Don Francisco de Amorós.

N.º I.

Lettres de Madame Maria Theran de Amorós à son mari.

Lettre première, *A.*

Madrid, depuis le 23 juin jusqu'au 27 du même mois.

MON CHER FRANÇOIS : j'ai reçu en son temps ton acte de soumission et de respect au Roi, et je l'ai remis au ministre Don Pedro Macanaz, qui l'aura sans doute jeté au rebut, s'il faut en juger par la froideur avec laquelle il l'a reçu. Tous ceux qui entourent le Roi vous dépeignent sous les couleurs les plus noires, lui persuadent que vous avez fait beaucoup de mal, et que vous méritez toute son indignation. C'est le moyen le plus expéditif pour vous éloigner tous, car cet amour du bien public, ces efforts, cette

DOCUMENTOS

JUSTIFICATIVOS,

Que se citan en la Representacion que hace al Rey de España Don Fernando VII, el Consejero de Estado Don Francisco Amorós.

N.º 1.

Cartas de Doña Maria Theran de Amorós á su marido.

Primera Carta, A.

Madrid, desde el 23 de junio hasta el 27.

Amado Frasquito: llegó á su tiempo tu acto de sumision y respeto al Rey, que entregué al ministro Don Pedro Macanaz, pero le habrá dado carpetazo, segun la frialdad con que lo recibió. Todos los que rodean al Rey pintan á Vms. con colores mui negros, y le persuaden que han hecho muchisimo mal, y que son acreedores á toda su indignacion. Este es le medio mas expedito para alejar á todos Vms, y ese amor al bien publico, y esos esfuerzos y esa aptitud

aptitude pour les affaires, qu'on remarque parmi vous, sont autant de titres qui vous font plus de mal que de bien, parce qu'ils excitent la jalousie du parti dominant.

Depuis que j'ai écrit ces lignes (interrompues par la douleur et les larmes!), jusqu'à ce moment 27, à midi, les maux physiques et politiques, suite de ma situation, se sont extraordinairement accrus. Le 23 au soir, j'éprouvai une cruelle cardialgie, qui obligea mes gens à veiller pendant toute la nuit; le 25, quoique je ne me trouvasse guères soulagée, je m'habillai; et peu de temps après, je vis entrer un adjudant de place qui vint m'intimer l'ordre, de la part du capitaine général Villariezo, de quitter Madrid dans les vingt-quatre heures.

Je lui exposai ma situation critique, me soutenant à peine; et je me traînai chez la respectable famille de Rojas, pour la supplier d'intercéder pour moi auprès de Villariezo, afin d'obtenir qu'il m'accordât quelque délai; elle me répondit qu'elle le ferait, mais sans aucun fruit, parce qu'indépendamment de son caractère naturellement très-dur, elle lui avait entendu dire dans sa société : « Que s'il savait que » quelques-unes des personnes qui vont le

para los negocios , son otros tantos titulos que per-
judican á Vms. mas que los favorecen, pues excitan
los zelos del partido dominante. (*Aqui estaba inter-*
rumpida la carta, y habia muchas lagrimas).

Desde que escribí estos renglones hasta este momento, que es el de las 12 del dia 27 , mis males
físicos y politicos se han aumentado extraordinaria-
mente. El 23 por la tarde tube una cruel cardialgia ,
que obligó á que me velasen toda la noche ; el 25 ,
aunque no completamente aliviada, me vesti, y á poco
rato entró el ayudante de la Plaza á decirme de parte
del capitan général Villariezo , que en el termino de
24 horas dejase à Madrid.

Le manifesté mi critica situacion , y hecha un
cadaver, y casi arrastrando, fuí á valerme de la respetable familia de Rojas, para que hablase á Villariezo con el objeto de que me diese mas tiempo de
termino. Me contextaron que lo harían, pero que no
sacarian fruto, pues ademas de ser naturalmente mui
duro, le habian oido decir en gran tertulia. « Que si
» supiera que algunas personas de las que le visitaban

» voir eussent fréquenté Amoros , il leur
» fermerait l'entrée de sa maison ; » et qu'il
était extrêmement irrité contre toi, et que
sa maison était un foyer de tracasseries :
enfin, qu'ils le croyaient implacable , mais
que néanmoins ils lui remettraient ma péti-
tion avec le certificat du médecin. En effet,
Don Joseph de Rojas remit ces pièces, et le
nouveau Néron le maltraita sans lui rien
accorder.

Dans cette cruelle position , voyant que
le terme allait s'écouler , et ayant appris
qu'on userait de violence si je n'obéissais
pas aux ordres de Villariezo , je fis à onze
heures du soir implorer le secours de la duchesse de San Carlos , pour obtenir la permission de me faire soigner, sous la promesse d'o-
béir à l'ordre de Villariezo aussitôt que je serais en convalescence ; et dans ce moment on
vient de me faire dire que je puis rester jusqu'au rétablissement de ma santé.

Ayant pour ennemi déclaré , sans savoir
pourquoi , le capitaine général Villariezo ;
au moment même où il apprendra que je vais
faire un tour à la promenade dans la campagne , il me détachera un autre adjudant
et m'enverra à la porte de la maison un car-
rosse avec une file de soldats. Et dans cette

» habian tratado con Amorós, les quitarla la entrada
» en su casa »; y que era cruel la ojeriza que le tenía,
y su casa un germen de chismes; enfin que lo
creian invencible, pero que no obstante le entrega-
rian mi memorial y la certificacion del facultativo.
En efecto, Don José de Rojas dió mi peticion, y el
Neron de su Excelencia le abochorna y nada se
consigue.

En estas tristes circunstancias, y viendo que el
termino se iva á cumplir, y se me dijo que usarian
de tropelia, si no obedecia la orden de Villariezo,
apelo á las once de la noche á la duquesa de San-
Carlos, para que se me permita curarme aqui de mis
males, y que despues de convalecida obedeceré la
orden de Villariezo, y ahora me acaba de mandar á
décir que estoy servida hasta que me ponga buena.

Teniendo por enemigo declarado, sin saber por
qué, al capitan general Villariezo, en el momento
que averigüe que voy siquiera á pasear al campo, me
espelará otro ayudante, y me pondrá un coche á la
puerta con su manga de soldados. ¿ Y en este caso

horrible situation, remplie d'amertume, seule, malade et faible, où me réfugierai-je pour ne pas périr ou pour n'être pas insultée?... Si dans les lieux où je suis, connue on ne me respecte pas, si on n'a pas de pitié pour moi, où dois-je espérer de la trouver?... Je suis toute troublée, et n'ai pas encore déterminé l'endroit où j'irai m'établir avec mes trois innocens et précieux enfans. Je ne puis aller à ta maison de Sarragosse, par ce qu'elle est confisquée avec tout ce que tu y possèdes ; il en est de même de mes biens de Sanlucar. Nulle part nous ne pouvons trouver de la sécurité, depuis la publication de cette circulaire du ministre Macanaz, du 3o mai ; car elle a beaucoup échauffé les esprits contre vous; tandis qu'auparavant tout le monde s'attendait à une amnistie générale, puisqu'on en parlait jusques dans les cabarets, la regardant comme une chose raisonnable.

La violence qu'on me fait nous fera perdre une infinité d'objets qui ornent cette maison, parce qu'on ne me donne ni le temps ni la liberté de les emporter ; car je me figure que le principal motif de ce qui m'arrive, est qu'on veut jouir des embellissemens que tu as faits dans notre demeure,

horrible, y cahos de amargura, sola, enferma y debilisima ¿ á donde iré que no sea para perecer ó para ser insultada? ¿ Si donde me conocen, no me respetan, ni tienen piedad de mi ¿ donde esperaré encontrarla? Yo estoy aturdida, y aun no he resuelto el punto donde iré á establecerme con estas tres inocentes y preciosas criaturas. A tu casa de Zaragoza no puedo ir, por que está confiscada con todo lo que alli posees: á mis háciendas de Sanlucar tampoco, pues les sucede lo mismo: en ninguna parte se puede hallar seguridad desde la publicacion de esa circular del ministro Macanaz de 3o de mayo, pues ha enardecido los espiritus contra Vms., siendo asi que antes todos esperaban una amnistia general, y se hablaba de ella, hasta en las tavernas, considerandola mui regular.

Esta tropelia nos hará perder muchisimas cosas de los adornos de esta casa, que no me darán tiempo ni libertad para llebarmelas, y yo creo que el principal motivo de esta violencia es el de querer disfrutar los primores que has hecho en

puisqu'on assure que le gouverneur veut venir l'habiter. A la vérité, ce motif n'est ni juste, ni légal, ni décent, pour que Villariezo traite de cette manière une dame qui n'est jamais sortie d'ici, qui a rendu tant de services à ceux du parti contraire au tien, qui se voit malade, réduite à un état de dépérissement, dans le besoin, et sur-tout entourée de trois enfans!

Je vais me hâter de sortir de cette maison, car elle me fait horreur à cause des peines que j'y ai souffertes. Le gouvernement antérieur l'a donnée en paiement de la partie de la dette de l'état, pour laquelle nous étions créanciers, et qu'il a reconnue ; mais maintenant on nous l'arrache, et on nous dépouille de tout, sans se souvenir que le gouvernement actuel, qui se conduit ainsi, est celui qui nous devait en valeurs, en actions d'emprunt et en autres créances, ce qu'il refuse maintenant de payer, sans nous laisser aucune garantie de nos droits. Par ce despotisme des employés, personne n'est en sûreté, et tout le monde tremble. Qui pourra s'en délivrer, si une femme malade, qui ne s'est mêlée de rien, n'a pu échapper à leur fureur ? Plains-moi, mon cher François, et s'ils consomment leur

ella, pues aseguran que viene á vivirla el gobernador. No es á la verdad mui legal, justo, y decoroso el motivo, para que atropelle de este modo Villariezo á una Señora, que jamás se ha movido de aquí, que tantos servicios ha hecho á las del otro partido, y que se vé enferma, cadaverica, privada de sus bienes y con tres hijos sobre todo.

Enfin voy á salir de esta casa quanto antes, pues me causa horror, por las penas que me ha ocasionado. El gobierno anterior la dió en pago de la parte de deuda del estado á que eramos acreedores, y que él reconoció; pero ahora nos la quitan y todo nos lo arrebatan, sin acordarse de que el gobierno que ahora lo hace, es el que nos debia en vales, acciones de emprestitos y otros creditos, lo mismo que se desentiende de satisfacer, y nada dicen acerca de nuestros derechos. Con este despotismo de los empleados nadie está seguro, y todos tiemblan; y ¿ quien podrá librarse de él, si una muger enferma, y que en nada se metia, no ha podido escaparse? Tenme lastima, amado Frasquito,

attentat, s'ils m'arrachent d'ici, et que j'aie le bonheur d'arriver vivante jusqu'auprès de toi, prépare-toi à voir l'ombre de ta femme, tant elle est épuisée et abattue par ses souffrances. Toute à toi de cœur.

M. T. de A.

Lettre seconde, *B.*

18 juillet 1814, encore à Madrid.

Mon cher François : je continuerai à te dire les événemens qui m'ont affligée depuis ma dernière lettre. Le 28 du mois passé on vint prendre des dispositions pour arranger notre maison pour le gouverneur en second de Madrid ; et ses satellites se conduisirent militairement. Le 1.ᵉʳ de ce mois, Villariezo envoya prendre des informations sur l'état de ma santé, afin de me chasser immédiatement ; mais ses propres violences avaient augmenté mes souffrances, et contrarié ses désirs ardens de m'exiler, puisqu'elles m'ont réduite à garder le lit. Nonobstant cet état, son animosité est telle, que vous ne devez pas être surpris, s'il m'envoie un brancard, pour m'obliger de rendre le dernier soupir à la campagne.

Je n'ai pu obtenir de la duchesse de San

y si consuman el atentado, me arrojan de aqui y tengo la felicitad de llegar viva hasta donde estás , preparate á ver la sombra de tu muger, que se halla flaca y horrorosa, por lo que la han hecho sufrir. Tuya de corazon ,   M. T. DE A.

Segunda Carta , B.

A 18 de julio 1814 todavia en Madrid.

Amado Frasquito : te seguiré refiriendo las ocurrencias que me han afligido desde que te escribi hasta ahora. El dia 28 de junio vinieron à tomar disposiciones en nuestra casa para el 2.º gobernador de Madrid, y se condujeron sus satelites militarmente. El dia 1.º de este envió Villariezo á averiguar como estaba de salud para echarme inmediatamente ; pero sus mismas tropelias han agrabado mis males, y contrarían sus ardientes deseos, pues estaba yo en la cama. A pesar de esto, tal es su animosidad, que no debes extrañar me envie una camilla para hacer que me lleven á espirar al campo.

No he podido lograr ni de la Duquesa, ni del

Carlos ni du duc, qu'ils m'envoient quelque sauve-garde pour me mettre à l'abri des oppressions de Villariezo. Le duc a répondu qu'il ne voulait pas s'immiscer dans les affaires d'un autre Ministère, et personne ne peut me dire auquel d'entre eux appartient la répression des actes arbitraires du capitaine général, lequel met à exécution ces barbares desseins, sans en avoir le droit, ayant un grand plaisir à faire des malheureux : son autorité étant militaire, et moi, femme d'un employé civil, il ne devait rien avoir à démêler avec moi.

Le 4 juillet, je me suis trouvée si faible et si affligée, que j'ordonnai de t'écrire, en te faisant mes derniers adieux, et te priant de prendre des dispositions pour sauver tes enfans malheureux.

Le 11, je me trouvais encore au lit, et Villariezo ne voulant pas croire aux certificats de mes médecins, envoya un adjudant et trois médecins pour me visiter, parce que c'est ainsi, disait-il, que le Roi l'ordonnait. Ils remplirent sa commission, et ne voyant en moi qu'un cadavre, ils déclarèrent que je ne pouvais pour le moment me mettre en route, et qu'on devait me conduire dans un appartement au rez-de-chaus-

Duque de San Carlos, que me envien algun documento ó salva-guardia que me ponga á cubierto
de las tropelias de Villariezo. El Duque dice que
no quiere meterse en cosas de otro ministerio, y
nadie sabe á qual de ellos pertenece la represion
de las arbitrariedades de este capitan general, que
sin corresponderle, executa estos actos de inhumanidad, pues tiene gusto en hacer infelices, y siendo su autoridad militar, y yo muger de un empleado
civil, nada tenia que hacer con migo.

El dia 4 de julio, me hallé tan afligida y debil,
que te hice escribir despidiendome de ti, y encar-
gandote dieses disposicion de recoger tus desgraciados hijos.

El dia 11, todavia estaba en cama, y no creyendo
Villariezo las certificaciones de mis facultativos, envió un ayudante y tres medicos, para que me
viesen y registrasen, pues asi dice que lo mandaba el Rey. Verificaron su comision, y viendome
hecha un cadaver, declararon que no podia ahora
ponerme en camino, y que debian trasladarme á
un quarto bajo, para que no suba muchos esca-
lones. Me levanté para pasar á la nueva casa, y al

sée pour éviter les escaliers. Je me levai pour me transporter à la nouvelle maison, et de suite Villariezo envoya quatre autres médecins pour attester l'état de ma santé, lesquels, soit pour flatter le terrible chef, soit par crainte, et me voyant debout, déclarèrent que dans quatre jours je serais en état de partir.

Le 16 arriva cet incident, et après, Villariezo me fit communiquer l'ordre du départ, non pas comme on pourrait le faire à une femme faible et moribonde, mais comme si j'eusse été le malfaiteur le plus formidable, puisqu'on me laissa des factionnaires à la porte. Dans cette nouvelle affliction, me trouvant avec la moitié de mes meubles dans la nouvelle maison, et l'autre moitié ici, quelques-unes de mes amies vinrent verser des larmes avec moi ; le despotisme de Villariezo ne nous laissant pas d'autre soulagement.

Il me vint dans l'idée de m'adresser à Don Miguel de Lardizabal, Ministre des Indes, lequel m'avait traitée auparavant avec quelques égards. Je le fis, et de suite il expédia un ordre, de la part du roi, qui signifiait au capitaine général de me donner le temps de me rétablir, et de ne pas me forcer à

me

momento .envió Villariezo quatro facultativos, los quales, asi que me vieron en pié, y por adular ó temer á este xéfe, dijeron que dentro de quatro dias podia ponerme en camino.

El dia 16 sucedió este pasage, y en seguida me hizo comunicar Villariezo la orden de partir, no como pudiera hacerse á una muger debil y moribunda, sino como si fuese al malhechor mas formidable, y dejandome un soldado á la puerta. En este nuevo conflicto, pues tenia la mitad de los muebles trasladados à la nueva casa, y la otra mitad aqui, algunas amigas vinieron á derramar lagrimas con migo, mediante que el despotismo de Villariezo no nos dejaba otro recurso.

Se me ocurrió acudir al Señor Ministro de Indias ó ultramar, Don Miguel de Lardizabal, unico que me había tratado antes con algun miramiento; despachó al instante una orden, diciendo al capitan general que el Rey mandaba que me curase y que

me mettre en route encore malade. Il traita avec distinction ton fils aîné Antoine et ma bonne amie, qui allèrent lui présenter ma demande.

Précédemment j'avais cherché à intéresser en ma faveur le chanoine Escoiquiz; mais il se contenta de me répondre : Que je devais avoir patience, puisque j'étais femme d'un homme qui s'était donné beaucoup de mouvemens, et qui avait fait beaucoup de mal.

Je croyais que ce prêtre serait plus humain; mais tous ces messieurs ont éprouvé le malheur sans avoir appris à être compâtissans.

Au milieu de ces afflictions, je ne pus me consoler, ni par l'exemple d'Aristide, ni par la philosophie de Socrate; si je n'avais pas mes tendres enfans, peut-être serais-je plus forte. Cependant je ne crois pas que nous devions faire ce que fit Coriolan ; mais nous ne devons pas non plus permettre que le sang de ces trois intéressans enfans coule quelque jour, comme celui de leur père, en défendant la patrie, à côté d'hommes aussi injustes et aussi féroces, qui poursuivent l'innocence d'une manière aussi barbare.

Malgré la protection de Lardizabal, mon sort est encore indécis, et nous verrons si

no me pusiese enferma en camino, y recibió con mucha distincion á tu hijo Antoñito y á mi buena amiga, que fueron á abogar por mi.

Precedentemente habia intentado interesar al canonigo Escoiquiz, pero se contentó con responder: «Que » tubiese paciencia, pues era muger de un hombre » que habia bullido mucho, y ocasionado mucho » mal ». Yo esperaba que, por ser clerigo, seria mas humano; pero me equivoqué, y está tan inflexible, como si no hubiese sido desgraciado.

En medio de estas aflicciones, no han podido consolarme, ni la serenidad y el exemplo de Aristides, ni la filosofía de Socrates, que murió contento, porqué murió inocente. Si no tubiese estos tiernos hijos, tal vez seria mas fuerte. Sin embargo, no debemos hacer lo que Coriolano, pero tampoco debemos permitir que la sangre de estas tres preciosas criaturas se derrame algun dia como la tuya, defendiendo la patria al lado de hombres tan injustos, tan barbaros y fieros, que así persiguen la inocencia.

Mi suerte queda todavia indecisa, no obstante la proteccion del ministro Lardizabal, y veré-

2 *

l'Infant Don Antonio fait quelque chose pour nous, puisqu'on m'a dit qu'il est reconnaissant de la manière dont je me suis conduite envers lui. J'ai mis à sa disposition tout ton cabinet de physique et tes instrumens de musique, et ses domestiques ont emporté beaucoup d'objets que nous avions achetés, depuis plus de douze ans, ici et en Angleterre. Mes pauvres enfans! Adieu, adieu, mon cher François.

Si en dernier résultat je suis chassée d'ici, j'irai directement aux Pyrénées, et le jour que je les traverserai, je ne le ferai pas comme toi, regrettant la patrie et pleurant ses malheurs, mais bien en me réjouissant de mettre un mur de granit entre la vertu opprimée et la fureur de nos ennemis. Toujours à toi,

M. T. DE A.

Lettre troisième, C.

Madrid, 21 juillet 1814.

Mon cher François, la protection du ministre Lardizabal a duré bien peu, et il semble que ces messieurs se repentent bientôt d'avoir voulu défendre l'innocence un mo-

mos si el Señor Infante Don Antonio hace algo
en favor nuestro, pues me dicen está agradecido, por que he puesto á su disposicion tu gabinete de física y tus instrumentos de musica, y se
han llevado sus criados muchos objetos, que hace
mas de doce años compramos en esta Corte y en
Ynglaterra ¡Pobres criaturitas nuestras!.........
A Diós, á Dios, Frasquito mio.

Si al fin me arrojan de aqui, marcharé directa-
mente á los Pirínéos, y el dia que los atrabiese, no
los pasaré como tú, sintiendo separarme de la patria, y llorando sus desgracias, sino celebrando
poner aquel muro de granito entre la virtud perseguida y el furor horroroso de nuestros enemigos.

Tuya siempre, M. T. de A.

Tercera Carta, C.

Madrid, 21 de julio de 1814.

Amado Frasquito: poco ha durado la proteccion
del ministro Lardizabal, y parece que se arrepien-
ten todos mui pronto de defender á la inocencia.

ment. *Voici l'ordre que je viens de recevoir de la part du capitaine général Villariezo.*

Copie.

» *Son Excellence, le secrétaire d'état et*
» *du ministère universel des Indes, me dit*
» *en date d'hier ce qui suit :*
» *Excellence : par la manifestation que*
» *V. Exc. a faite en date d'hier, des différens*
» *emplois qu'a obtenu du gouvernement intrus*
» *Don François Amorós, comme aussi de*
» *sa mauvaise conduite dans la manière de*
» *les remplir, et des trois visites que vous*
» *avez fait faire à des médecins sur l'état*
» *de santé de sa femme, Dona Maria de*
» *Theran, afin de voir si elle pourrait par-*
» *tir de Madrid, comme elle devait le faire*
» *en conséquence du royal décret du 30 mai*
» *dernier; le roi a pris en considération les*
» *justes motifs qui ont décidé V. Exc. à or-*
» *donner que Dona Maria Theran se trans-*
» *porte dans la ville qu'elle jugera à pro-*
» *pos, à la distance de vingt lieues de la*
» *cour, et des égards, de la modération et*
» *de l'humanité avec lesquels vous vous*

---

(1) *Ces égards, cette modération et cette humanité*

Acabo de recibir el oficio siguiente del capitan general Villariezo.

Copia.

El excelentisimo Señor secretario de Estado y del despacho universal de Indias, en fecha de ayer, me dice lo que copio.

« Excelentisimo Señor: por la manifestacion que
» hizo V. Ex. en fecha de ayer, de los diferentes
» destinos que obtubo del gobierno intruso, Don
» Francisco de Amorós, de su mal porte en el
» desempeño de estos, y de los tres reconocimien-
» tos hechos por profesores de esta Corte, afin de
» averiguar si el estado de salud de Doña Maria
» Theran, muger de Amorós, le permitia salir de
» esta Corte como debia hacerlo, á conseqüencia
» del real decreto de treinta de mayo proximo pa-
» sado, se ha enterado el Rey de las justas consi-
» deraciones que movieron á V. E. á mandar que
» se trasladase Doña Maria Theran al pueblo que
» mejor le acomodase distante de esta Corte veinte
» leguas, y del miramiento, moderacion y huma-
» nidad (1) con que ha procedido en sus disposi-

____

(1) Este miramiento, esta moderacion y esta huma-

» êtes conduit dans les mesures prises pour
» cette affaire. Par cette raison, elles ont
» mérité l'approbation de S. M., et de son
» ordre je l'annonce à V. Exc. pour sa con-
» naissance et direction.

» Et moi, je vous en transmets copie pour
» la vôtre, afin que vous soyez disposée à sor-
» tir aussitôt qu'il vous sera ordonné pour
» la ville dans laquelle vous voudrez bien
» vous établir, à vingt lieues de cette cour,
» sans me forcer à le faire exécuter d'une
» manière contraire à mon caractère, si
» vous n'obéissez pas ; et vous m'averti-
» rez pour ma connaissance de l'endroit que
» vous choisirez.

» Dieu vous garde, etc. Madrid, 20 juil-
» let 1814. — Signé le comte de Villariezo,
» marquis de Villanueva de Duero. — Doña
» MARIA DE THERAN ».

Je ne sais pas où j'en suis. Mon espoir a été

---

ressemblent à ceux du ministre Macanaz, quand il
se faisait une fête, le jour de Saint Ferdinand, de proscrire douze mille familles. Ces qualifications sont du
même Villariezo, et, de cette manière, il bouleverse
toutes les acceptions des mots et des faits, se moque
de la faiblesse, et insulte le malheur.

» cionés relativas á este asunto; por lo mismo han
» merecido la aprobacion de S. M. , de cuya orden
» lo comunico á V. E. para su inteligencia y go-
» bierno ».

» Lo que traslado a Vmd. para la suya, y que
» en su vista esté dispuesta para salir tan luego como
» le sea mandado, para el pueblo en que tenga á bien
» situarse á veinte leguas de esta Corte, sin dar
» lugar á que su falta de cumplimiento, me fuerzen
» á hacerlo executar en terminos contrarios á mi
» caracter, avisandome el que señale para mi go-
» bierno.

» Dios guarde á Vmd. muchos años. Madrid,
» 20 de julio de 1814. *El Conde de Villariezo,*
» *Marques de Villanueva de Duero.* --- Doña
» Maria de Theran. »

No sé lo que me pasa; todas mis esperanzas han

---

nidad se parecen á las del ministro Macanaz, quando
hacia una celebridad de proscribir 12,000 familias el
dia de San Fernando. Estas calificaciones son sin
duda del mismo Villariezo, y con ellas, no solo tras-
torna todas las acepciones de las palabras y de la cosas,
sino se burla de la debilidad, é insulta á la desgracia.

détruit ; me voilà à présent abandonnée à la tyrannie de Villariezo, et je ne peux pas obtenir que mes clameurs arrivent jusqu'au Roi, puisque si elles y arrivaient, comment serait-il possible qu'il n'ordonnât pas qu'on me rendît justice, et qu'il n'eût compassion de mon sort déplorable? Ecrivez-moi à Burgos, et Dieu veuille que je puisse survivre à cette persécution, au moins jusqu'au moment de te rendre le précieux dépôt de tes trois enfans, puisque les souffrances précédentes ont fait périr celui que je portais dans mon sein.

Si les larmes qui inondent mes lettres ne te permettent pas de lire celle-ci, excuse ma déplorable situation, qui me met dans l'impossibilité de les copier, parce que le courage me manque, et que mes yeux sont deux sources intarissables de pleurs, quand je regarde ces innocentes créatures sacrifiées, parce que leur père a été homme d'honneur.

Je suis à toi jusqu'à la mort, qui est sur le point d'atteindre ton épouse et ton amie,

M. T. DE A.

sido destruidas. Quedo otra vez abandonada á la tiranía de Villariezo, y no puedo lograr que lleguen á oidos del Rey mis clamores; pues si llegasen ¿ como podria dejarme de hacer justicia, y de compadecerse de mi desgraciada suerte? Motivan esta medida en que estás odiado aqui , y yo tambien, siendo tan cierto lo uno como lo otro. ¡ Que iniquidad ! Escribeme á Burgos , y quiera Dios que sobreviva á esta persecucion, siquiera hasta que te entregue esto precioso deposito de tus tres hijos, ya que las penas anteriores hicieron perecer el que tenia en el seno.

Si el llanto que riega mis cartas no te permite leerlas, disculpame en mi deplorable situacion que no pueda copiarlas, pues me falta el aliento , y mis ojos son dos manantiales perennes de amargas lagrimas , al ver perdidos estos inocentes hijos por que su padre fué hombre de honor. Tuya hasta la muerte, que no está mui lejos, tu triste esposa y amiga ,   M. T. DE A.

N.º II.

Lettre du Roi Charles IV à l'Empereur Napoléon.

Monsieur mon frère , V. M. apprendra sans doute avec peine les événemens d'Aranjuez et leur résultat : elle ne verra pas sans quelque intérêt un roi qui , forcé d'abdiquer la couronne, vient se jeter dans les bras d'un grand monarque son allié, se remettant en tout à sa disposition ; qui seule peut faire son bonheur, celui de toute sa famille , et de ses fidèles et aimés sujets. Je n'ai déclaré m'en démettre en faveur de mon fils que par la force des circonstances, et lorsque le bruit des armes et les clameurs d'une garde insurgée me firent assez connaître qu'il fallait choisir entre la vie et la mort, qui eût été suivie de celle de la reine.

J'ai été forcé d'abdiquer ; mais rassuré aujourd'hui , et plein de confiance dans la magnanimité et le génie du grand homme qui s'est toujours montré mon ami, j'ai pris la ré-solution de m'en remettre à lui , en tout ce qu'il voudra bien disposer de nous , de mon sort, de celui de la reine, et de celui du prince de

N.º 2.

Carta del Rey Don Carlos IV al Emperador Napoleon.

Hermano y Señor : V. M. sabrá con dolor los sucesos de Aranjuez y su resultado, y no podrá menos de mirar con interes á un Rey, que obligado á abdicar su corona, viene á echarse en los brazos de un gran Monarca su aliado, entregandose totalmente á su disposicion, la qual es capaz unicamente de hacer su felicidad, la de toda su familia, y la de sus fieles y amados vasallos. Yo no declaré la renuncia de mi poder en favor de mi hijo, sino por la fuerza de las circunstancias, y quando el estruendo de las armas y los gritos de una guardia revolucionada me hicieron conocer que era preciso elegir entre la vida ó la muerte, que hubiera sido seguida de la de la Reyna.

Yo me ví obligado á abdicar; pero serenado yá, y lleno de confianza en la magnanimidad y el genio del grande hombre que se ha mostrado siempre mi amigo, he resuelto remitirme en todo á lo que quiera disponer de nosotros, de mi suerte, de la Reyna, y de la del Principe de la Paz. Dirijo á V. M. I. y R.

la Paix. J'adresse à *V. M. I. et R.* une protestation contre les événemens d'*Aranjuez* et contre mon abdication. Je m'en remets et me confie entièrement dans le cœur et l'amitié de *V. M.*; sur ce, je prie Dieu qu'il vous ait en sa sainte et digne garde.

Monsieur mon frère. De *V. M. I. et R.* le très-affectionné frère et ami, .CHARLES.

Aranjuez, le 21 mars 1808.

Je proteste et déclare que mon décret du 13 mars, par lequel j'abdique la couronne en faveur de mon fils, est un acte auquel j'ai été forcé, pour prévenir de plus grands malheurs, et l'effusion du sang de mes sujets bien-aimés. Il doit en conséquence être regardé comme de nulle valeur. MOI LE ROI.

21 mars.

Voyez le Moniteur du 3 mai 1808, et celui du 5 février 1810.

N.º III.

Lettre du Prince des Asturies à l'Infant Don Antonio.

Aujourd'hui j'ai adressé à mon bien-aimé père une lettre conçue en ces termes.

una protesta contra los acaecimientos de Aranjuez y contra mi abdicacion. Me entrego y confio enteramente en el corazon y la amistad de V. M., y ruego á Dios guarde su vida muchos años.

Hermano y Señor, de V. M. I. y R., el mas afecto hermano y amigo, CARLOS.

En Aranjuez, á 23 de marzo 1808.

Protesto y declaro que mi decreto de 19 de marzo, por el qual abdico la corona en favor de mi hijo, es un acto que me vi forzado á executar para impedir mayores males, y la efusion de sangre de mis amados vasallos. Por conseqüencia debe ser mirado como de ningun valor. YO EL REY.

A 21 de Marzo.

Véase este Documento en el Monitor de 3 de mayo de 1808, y en el de 5 de feb.º de 1810.

N.º 3.

Carta del Principe de Asturias al Infante Don Antonio.

En esta dia he entregado á mi amado padre una carta concebida en los terminos siguientes.

(32)

» Mon vénérable père et seigneur, pour
« donner à V. M. une preuve de mon amour,
« de mon obéissance et de ma soumission, et
« pour céder au désir qu'elle m'a fait con-
« naître plusieurs fois, je renonce à ma
« couronne en faveur de V. M., désirant
« qu'elle en jouisse pendant de longues an-
« nées.

« Je recommande à V. M. les personnes
« qui m'ont servi depuis le 13 mars. Je me
« confie dans les assurances qu'elle m'a don-
« nées à cet égard. Je demande à Dieu de
« conserver à V. M. des jours longs et heu-
« reux.

« Fait à Bayonne, le 6 mai 1808. Je me
« mets aux pieds de V. M. Le plus humble
« de ses fils.   FERDINAND. »

En vertu de la renonciation que je fais
à mon père bien-aimé, je retire les pouvoirs
que j'avais accordés, avant mon départ de
Madrid, à la Junte pour l'expédition des
affaires importantes et urgentes qui pouvaient se présenter pendant mon absence. La
Junte suivra les ordres et commandemens de
mon très-aimé père et souverain, et les fera
exécuter dans les royaumes.

Je dois, en finissant, témoigner aux membres de la Junte, aux autorités et à toute la
nation

« Mi venerando padre y Señor : para dar á V. M.
» una prueba de mi amor, de mi obediencia y de
» mi sumision, y para acceder á los deseos que V. M.
» me ha manifestado reiteradas veces , renuncio mi
» corona en favor de V. M., deseando que V. M.
» pueda gozarla por muchos años.

» Recomiendo á V. M. las personas que me han
» servido desde el 19 de marzo. Confio en las segu-
» ridades que V. M. me ha dado sobre esto par-
» ticular. Dios guarde á V. M. felices y dilatados años.

» Señor, A. L. R. P. de V. M., su mas humilde
» hijo, FERNANDO.

» Bayona, 6 de mayo de 1808 ».

En virtud de esta renuncia de la corona que he
hecho en favor de mi amado padre , revoco los po-
deres que habia otorgado á la junta de gobierno,
antes de mi salida de Madrid, para el despacho de
los negocios graves y urgentes que pudiesen ocurrir
durante mi ausencia. La junta obedecerá las ordenes
y mandatos de nuestro mui amado padre y soberano,
y las hará ejecutar en los reynos.

Debo , antes de concluir, dar gracias á los individuos de la Junta, á las autoridades reconocidas, y
á toda la Nacion, por los servicios que me han pres-

nation, ma reconnaissance de l'assistance qu'ils m'ont donnée. Je leur recommande de se réunir d'efforts et de cœur *au roi Charles et à l'empereur Napoléon*, dont la puissance et l'amitié peuvent, plus que toute autre chose, garantir les premiers biens. des Espagnes, leur indépendance et l'intégrité du territoire. Je vous recommande de ne pas donner dans les pièges de nos éternels ennemis ; de vivre unis entre vous et avec nos alliés, d'épargner le sang et d'éviter les malheurs qui seraient le résultat des circonstances actuelles, si on se laissait aller à l'esprit de vertige et de désunion.

Signé FERDINAND.

Bayonne, le 6 mai 1808.

Voyez le Moniteur du 11 *mai* 1808 *et celui du* 5 *février* 1810.

N.° IV.

Manifeste du Prince des Asturies et des Infans aux Espagnols.

Don Ferdinand, prince des Asturies, et *les Infans Don Carlos et Don Antonio*, sensibles à l'attachement et à la fidélité constante que leur ont témoignés tous les Espagnols,

tado, y recomandarles que *se reunan de todo cora-*
zon á mi padre amado el Rey Don Carlos, y al Emperador Napoleon, cuyo poder y amistad pueden
mas que otra cosa alguna conservar el primer bien
de las Españas , salvar su independencia y la integridad de su territorio : recomiendo asimismo que
no os dejeis seducir por las asechanzas de nuestros
eternos enemigos , que vivais unidos entre vosotros,
y con nuestros aliados, y eviteis la efusion de sangre,
y las desgracias, que sin esto serian el resultado de
las circunstancias actuales , si os dejaseis arrastrar
por el espiritu de alucinamiento y desunion. Ten-
dráse entendido en la Junta para los efectos con-
venientes, y se communicará á quienes corresponda.

Firmado FERNANDO.

En Bayona, á 6 de mayo de 1808.
Vease el Monitor de 11 de mayo de 1808, y el de
5 de febrero de 1810.

N.º 4.

Manifiesto del Principe de Asturias y de los Infantes á los Españoles.

Don Fernando, principe de Asturias, y los Infantes Don Carlos y Don Antonio, sensibles al afecto
y á la fidelidad que constantemente les han manifes-

3 *

les voient avec la plus grande douleur au moment d'être plongés dans la confusion, et menacés des extrêmes calamités qui en seraient la suite; et sachant qu'elles proviendraient en grande partie de l'ignorance dans laquelle ils sont, soit des motifs de la conduite que LL. AA. ont tenue jusqu'ici, soit des plans déjà tracés pour le bonheur de leur patrie, ils ne peuvent se dispenser de chercher à les détromper par les salutaires avis qui leur sont nécessaires pour ne pas entraver l'exécution de ces plans, et en même temps de leur donner le plus cher témoignage de l'affection qu'ils ont pour eux.

Ils ne peuvent en conséquence s'empêcher de leur faire connaître que les circonstances dans lesquelles le prince prit les rênes du gouvernement, à la suite de l'abdication du roi son père, l'occupation de plusieurs provinces du royaume, et de toutes les places frontières par un grand nombre de troupes françaises, la présence de plus de soixante mille hommes de la même nation dans la capitale et dans les environs; enfin, beaucoup de données que d'autres personnes ne pouvaient avoir, leur persuadèrent qu'étant entourés d'écueils, ils n'avaient plus que la liberté de choisir entre plusieurs partis,

tado todos los Españoles, los ven con el mayor dolor en el momento de ser sumergidos en la *confusion*, y amenazados de calamidades extremadas que
se seguirian á ella ; y sabiendo que provendrian en
gran parte de la ignorancia en que se hallan, sea de
los motivos de la conducta que SS. AA. han tenido
hasta ahora, sea de los planes adoptados ya para la
felicidad de su patria, no pueden dispensarse de
procurar desengañarlos por medio de las saludables
advertencias que necesitan para no trastornar la
ejecucion de sus planes, haciendoles conocer al mismo
tiempo el afecto que les tienen por el testimonio mas
digno de su aprecio.

Por lo tanto no pueden menos de hacerles conocer, que las circunstancias en que el Principe tomó
las riendas del Gobierno, en seguida de la abdicacion del Rey su padre; la ocupacion de muchas provincias del Reyno, y de todas las plazas fronterizas
por un gran numero de tropas francesas; la presencia de mas de 60,000 hombres de la misma nacion
en la capital y sus alrededores; enfin muchos datos
que otros no podian tener, les persuadieron que estando rodeados de escollos, no tenian mas libertad

celui qui produirait le moins de maux, et qu'ils choisirent comme tel, le parti d'aller à Bayonne.

Après l'arrivée de LL. AA. RR. à Bayonne, le prince, alors roi, apprit inopinément la nouvelle que le roi son père avait protesté contre son abdication, prétendant qu'elle n'avait pas été volontaire. Le prince n'ayant accepté la couronne que dans la persuasion que l'abdication était libre, fut à peine assuré de l'existence de cette protestation, que son respect filial le détermina à rendre le trône ; et peu après le roi son père y renonça en son nom et au nom de toute sa dynastie, en faveur de l'empereur des Français, afin qu'ayant en vue le bien de la nation, l'empereur choisît la personne et la dynastie qui devait l'occuper à l'avenir.

Dans cet état de choses, LL. AA. RR. considérant la situation dans laquelle elles se trouvent, et les circonstances critiques où l'Espagne est placée ; considérant que dans ces circonstances tout effort de ses habitans à l'appui de leurs droits serait non seulement inutile, mais funeste, et qu'il ne servirait qu'à faire répandre des ruisseaux de sang, à assurer la perte tout au moins d'une grande partie de ses provinces, et celle de toutes ses

que la de escoger entre varios partidos, el que produciria menos males, y escogieron como tal el de ir á Bayona.

Despues de la llegada de SS. AA. RR. á Bayona, el Principe, Rey entonces, supo inopinadamente la noticia de que su padre habia protestado contra su abdicacion, pretendiendo que no habia sido voluntaria. El Principe, que no habia aceptado la corona, sino persuadido de que la abdicacion era libre, apenas se aseguró de la realidad de esta protesta, que su respeto filial le determinó á entregar el trono, y poco despues el rey su padre lo renunció en su nombre y el de toda su dinastia á favor del Emperador de los Franceses, á fin de que proponiendose por objeto el bien de la nacion, escogiese la persona de la dynastia que debiese ocuparle en lo sucesivo.

En este estado de cosas, SS. AA. RR. considerando la situacion en que se hallaban y las circunstancias criticas en que está la España; considerando que en tales circunstancias, todo esfuerzo de sus habitantes en apoyo de sus derechos seria no solamente inutil, sino funesto, y que no serviria sino á hacer derramar arroyos de sangre, á asegurar á lo menos la perdida de una gran parte de sus provincias y la de todas sus colonias de ultra-mar; habiendose ademas

colonies d'outre-mer ; s'étant d'ailleurs convaincus que le moyen le plus efficace pour
éviter de tels maux serait que chacune de
LL. AA. RR. consentît, en son nom et en tout
ce qui lui appartient, à la cession de ses
droits au trône, cession déjà faite par le roi
leur père :

Réfléchissant également que sadite Majesté l'empereur des Français s'oblige, dans
cette supposition, à conserver l'indépendance absolue et l'intégrité de la monarchie
espagnole, ainsi que de toutes ses colonies
d'outre-mer, sans se réserver ni démembrer
la moindre partie de ses domaines ; qu'elle
s'oblige à maintenir l'unité de la religion catholique, les propriétés, les lois, les usages ;
ce qui assure pour long-temps et d'une manière incontestable la puissance et la prospérité de la nation espagnole ; LL. AA. croient
donner la plus grande preuve de leur générosité, de l'amour qu'elles lui portent, et de
leur empressement à suivre les mouvemens de
l'affection qu'elles lui doivent, en sacrifiant,
en tout ce qui leur appartient, leurs intérêts
propres et personnels à l'avantage de cette
nation, et en adhérant par cet acte, comme
ils ont adhéré par une convention particulière, à la cession de leurs droits au trône.

convencido que el medio mas eficaz para evitar semejantes males seria qué cada uno de SS. AA. RR.
consintiese en su nombre y en todo lo que le pertenece, á la cesion de sus derechos al trono , cesion
hecha yá por el rey padre :

Reflexionando igualmente que S. M. el Emperador de los Franceses se obliga, en esta suposicion, á
conservar la independencia absoluta y la integridad
de la monarquia española , asi como la de todas sus
colonias, sin reservarse ni desmembrar la menor
parte de sus dominios; que se obliga á mantener la
unidad de la religion catolica, las propiedades, las
leyes, los usos; lo que asegura para largo tiempo y
de un modo incontextable el poder y la prosperidad
de la nacion española , SS. AA. creen dar la mayor
prueba de su generosidad , del amor que la tienen,
y de su actividad en seguir los movimientos del
afecto que le deven, sacrificando en todo lo que les
corresponde, sus intereses propios y personales á
las ventajas de esta misma nacion, y adhiriendo por
este acto, como han adherido por una convencion
particular, á la cesion de sus derechos al trono.

Elles délient en conséquence les Espagnols de leurs obligations à cet égard, et les exhortent à avoir en vue les intérêts communs de la patrie, en se tenant paisibles, en espérant leur bonheur des sages dispositions et de la puissance de l'empereur Napoléon. Par leur empressement à se conformer à ces dispositions, les Espagnols doivent croire qu'ils donneront à leur prince et aux deux Infans le plus grand témoignage de leur loyauté, comme LL. AA. RR. leur donnent le plus grand témoignage de leur tendresse paternelle, en cédant tous leurs droits, et en oubliant leurs propres intérêts pour les rendre heureux; ce qui est l'unique objet de leurs désirs.

Signé MOI LE PRINCE CHARLES et Antoine.

Bordeaux, 12 mai 1808.

Voyez le Moniteur du 19 mai 1808.

N.º V.

Lettre du Prince Ferdinand à l'Empereur.

J'ai reçu avec bien du plaisir la lettre de V. M. I. et R. datée du 15 du courant. Je lui rends grace des expressions affectueuses dont elle m'honore, et sur lesquelles j'ai compté toujours, et je les répète à V. M. I. et R.

Libertan á los Españoles, en consequencia, de las obligaciones que tenian bajo estos respetos, exórtandoles á no considerar sino los intereses comunes de la patria; conservandose pacificos; esperando su dicha de las sabias disposiciones y del poder del emperador Napoleon. Por su eficacia en conformarse con estas disposiciones, los Españoles deben creer que darán á su Principe y á sus Infantes el mayor testimonio de su lealtad como SS. AA. RR. se lo dan de la ternura paternal, cediendo todos sus derechos y olvidando sus propios intereses para hacerlos dichosos, que es el unico objeto de sus deseos.

Firmado Yo el Principe═Carlos═Antonio.

Burdeos, 12 de mayo 1808.

Vease el Monitor de 19 de mayo de 1808.

N.º 5.

Carta del Principe Fernando al Emperador.

Señor : he recibido con mucho placer la carta de V. M. I. y R. de 14 del corriente. Le doy gracias por las expresiones afectuosas con que me honra, y en las quales he contado siempre, y las repito á V. M.

pour sa bonté en faveur de la demande du duc de San-Carlos et de Macanaz, que j'ai eu l'honneur de lui recommander.

Je fais aussi à *V. M. I.*, tant au nom de mon frère et de mon oncle qu'au mien, des complimens bien sincères sur la satisfaction qu'elle a eue dans l'installation de son cher frère sur le trône d'Espagne ; l'objet de tous nos désirs ayant été toujours le bonheur de la nation généreuse qui habite ce vaste royaume, nous ne pourrons voir à sa tête un monarque si digne et si propre par ses vertus de le lui assurer, sans en ressentir la plus grande consolation. C'est le sentiment et le désir d'être honorés de son amitié qui nous ont portés à lui écrire la lettre ci-jointe, que je prends la liberté d'envoyer á *V. M. I.*, en la priant qu'après l'avoir lue, elle daigne la présenter à *S. M. C.* Une médiation si respectable nous assure qu'elle sera reçue avec la cordialité que nous souhaitons.

Excusez, Sire, cette liberté, qui doit son origine à la confiance sans bornes que *V. M. I. et R.* nous a inspirée, et assurée de de toute notre affection et de tout notre respect ; permettez que je lui en renouvelle les plus sincères et invariables sentimens avec

I. y R. por su bondad en favor de las peticiones del duque de San Carlos y de Macanaz, que tuve el honor de recomandarle.

Hago igualmente á V. M. I., tanto en nombre de mi hermano y tio, como en el mio, los mas sinceros cumplimientos por la satisfaccion que ha tenido en la instalacion de su amado hermano sobre el trono de España : el fin de todos nuestros deseos, habiendo sido siempre la felicidad de la nacion generosa que habita ese vasto Reyno, no podrémos ver á su frente un monarca tan digno, y tan propio por sus virtudes de asegurarsela, sin experimentar un gran consuelo. El sentimiento y el deseo de ser honrados por su amistad nos han movido á escribirle la carta adjunta, que me tomo la libertad de enviar á V. M. I., rogandole que despues de haberla leido, se digne presertarsela á S. M. C. Una mediacion tan respetable nos asegura que será recibida con la cordialidad que deseamos.

Señor : disimuleme V. M. I. esta libertad que me tomo, por hallarse fundada en la confianza ilimitada que nos ha inspirado, y seguro de todo nuestro afecto y respeto, permitame V. M. I. que le ratifique los mas sinceros é invariables sentimientos con que

lesquels j'ai l'honneur d'être, Sire, de *V. M. I. et R.*, le très-humble et très-obéissant serviteur. Signé FERDINAND.

Valençey, 22 juin 1808.

<hr>

N.° VI.

Lettre du Prince Ferdinand à l'Empereur.

Sire : j'ai reçu avec bien de la reconnaissance la lettre de V. M. I. et R. du 20 du mois courant, dans laquelle elle daigne m'assurer la prompte exécution de ses ordres pour mes affaires.

Mon oncle et mon frère ont été charmés comme moi de l'annonce de l'arrivée de V. M. I. et R. à Paris, qui nous rapproche de sa présence ; et puisque, quelle que soit la route, elle doit passer près d'ici, nous regarderions comme une bien grande satisfaction que V. M. I. et R. eût la bonté de nous permettre d'aller à sa rencontre, et de lui renouveler personnellement nos hommages à l'endroit qu'elle désignerait, pourvu que cela ne l'incommodât pas. V. M. I. et R. excusera ce désir inséparable du sincère attachement et du respect avec lesquels j'ai

tengo el honor de ser, Señor, de V. M. I. y R., el mas humilde y mas obediente servidor,

Firmado FERNANDO.

Valencey, 22 de junio 1808.

N.º 6.

Carta del Príncipe Fernando al Emperador.

Señor: he recibido con mucha gratitud la carta de V. M. I. y R. de 20 de este mes, en la qual se digna asegurarme de la pronta expedicion de sus ordenes para mis negocios.

Mi tio y mi hermano han celebrado tánto como yo la noticia de la marcha de V. M. I. y R. à Paris, que nos acerca á su persona; y pues que, sea qual fuere el camino que V. M. siga, de todos modos debe pasar cerca de aqui, mirariamos como una grande satisfaccion que V. M. I. y R. tubiese la bondad de permitirnos salirle al encuentro, y de renovarle personalmente nuestros homenages en el parage que designase, siempre que no le incomode.

V. M. I. y R. disimulará este deseo inseparable del sincero afecto y del respeto conque tengo el

l'honneur d'être, Sire, de V. M. I. et R.,
le très-humble et très-affectionné serviteur.

Signé FEADINAND.

Valençey, le 26 juillet 1808.

Voyez *le Moniteur du 5 février* 1810.

N.º *VII.*

Lettre du Prince Férdinand à l'Empereur.

Sire, le plaisir que j'ai eu en voyant, dans les papiers publics, les victoires dont la Providence couronne nouvellement l'auguste tête de V. M. I. et R., et le grand intérêt que nous prenons, mon oncle, mon frère et moi, dans la satisfaction de V. M. I. et R., nous portent à la féliciter avec le respect, l'amour, la sincérité et la reconnaissance dans lesquels nous vivons sous la protection de V. M. I. et R.

Mon frère et mon oncle me chargent de vous offrir leur respectueux hommage, et s'unissent à celui qui a l'honneur d'être, avec la plus haute et respectueuse considération, Sire, de V. M. I. et R., le très-humble et très-obéissant serviteur. Signé FERDINAND.

Valençey, le 6 août 1809.

N.º 8.

honor de ser, Señor, de V. M. I. y R. el mas humilde y apasionado servidor.   *Firmado* FERNANDO.

Valencey, 26 de julio de 1808.

Vease el Monitor de 5 de feb.º 1810.

N.º 7.

Carta del Principe Fernando al Emperador.

Señor : el placer que he tenido viendo en los papeles publicos las victorias con que la Providencia corona nuevamente la augusta frente de V. M. I. y R., el grande interes que tomamos, mi hermano, mi tio y yo, en la satisfaccion de V. M. I. y R., nos estimulan á felicitarle con el respeto, el amor, la sinceridad y el reconocimiento en que vivimos bajo la proteccion de V. M. I. y R.

Mi hermano y mi tio me encargan que ofrezca á V. M. su respetuoso homenage, y se unen al que tiene el honor de ser, con la mas alta y respetuosa consideracion, Señor, de V. M. I. y R., el mas humilde y mas obediente servidor,

Firmado FERNANDO.

Valencey, á 6 de agosto 1809.

Vease el Monitor de 5 de feb.º 1810.

4

N.º *VIII.*

Lettre du Prince Ferdinand à l'Empereur.

Sire : ma respectueuse reconnaissance aux bontés de *Votre Majesté Impériale et Royale* est bien sincère, pour que je puisse différer un seul moment de répondre à la lettre dont vous m'honorez, datée du 16 de ce mois.

Je rends grâces à Votre Majesté Impériale et Royale pour l'intérêt et l'amour paternel que votre auguste personne prend en ma faveur, et sur lesquels je compte toujours.

Mon attachement à V. M. I. et R. et ma conduite ne démentiront jamais les sentimens et l'entière obéissance aux ordres et désirs de *V. M. I. et R.*

Sire : je dépose dans le sein de *V. M. I. et R.* les vœux les plus ardens pour la prospérité de son règne, et les sentimens du dévouement le plus respectueux et le plus absolu pour votre auguste personne. De *V. M. I. et R.* le très-humble et très-obéissant serviteur. Signé FERDINAND.

Valencey, 21 décembre 1809.

Voyez le Moniteur du 5 février 1810.

N.º 8.

Carta del Principe Fernando al Emperador.

Señor : mi respetuoso reconocimiento á las bondades de V. M. I. y R. es bien sincero, para que yo pueda diferir un solo momento la respuesta á la carta de 16 de este mes con que me honra.

Doy gracias á V. M. I. y R. por el interes y el amor paternal que su augusta persona toma en mi favor, y con el qual cuento siempre.

Mi afecto á V. M. I. y R. y mi conducta no desmentirán jamas los sentimientos y la ciega obediencia á las ordenes y á los deseos de V. M. I y R.

Señor: yo deposito en el seno de V. M. I. y R. los votos ardientes por la prosperidad de su reynado, y los sentimientos de mi adesion mas respetuosa y mas absoluta á su augusta persona. Señor : de V. M. I. y R. el mas humilde y obediente servidor.

Firmado Fernando.

Valencey, 21 de diciembre de 1809.

Vease el Moniteur de 5 de feb.º 1810.

4 *

N.º *IX.*

Copie de la lettre adressée à M. Berthemy par le Prince Ferdinand, pour lui faire part de son désir de devenir le fils de Sa Majesté Impériale.

Valençey, le 4 avril 1810.

Monsieur, désirant conférer avec vous sur divers objets qui m'occupent depuis long-temps je vous prie de venir à trois heures après-midi chez M. d'Amezaga, notre premier écuyer. Cette personne jouit seule de notre confiance entiere et justement méritée depuis long-temps, à cause de sa conduite excellente sous tous les rapports, et de la connaissance parfaite qu'il possède de nos affaires, lesquelles il a toujours dirigées à notre grande satisfaction et à notre avantage.

M. d'Amezaga qui, de ma part, a eu l'honneur de vous parler des objets susdits et d'autres qui nous concernent, m'a dit que vous en êtes à présent informé. Ainsi, Monsieur, notre conférence sera courte, et ne vous détournera pas de vos affaires.

Ce qui m'occupe maintenant est pour moi du plus grand intérêt. Mon premier désir est de devenir le fils adoptif de Sa Majesté

N.º 9.

Copia de una carta dirigida á M^r. Berthemy por el Principe Fernando , para darle parte de sus deseos de ser prohijado por S. M. I.

Valencey, á 4 de abril de 1810.

Deseando conferenciar con Vm. sobre diversos objetos que me ocupan hace mucho tiempo, le ruego que venga á las tres de la tarde al quarto del Señor de Amezaga , nuestro primer caballerizo. Esta persona goza sola de nuestra confianza absoluta y justamente merecida hace mucho tiempo, por su excelente conducta bajo todos aspectos , y el conocimiento completo que tiene de nuestros negocios, los quales han sido dirigidos por él, á satisfaccion y con utilidad nuestra.

El Señor de Amezaga, que ha tenido el honor de hablar á Vm. de mi parte de los referidos objetos y de otros que nos conciernen , me ha dicho que yá está Vm. informado de ellos ahora. Por lo tanto nuestra conferencia será corta, y no distraerá á Vm. de sus negocios.

Lo que me ocupa ahora es para mi del mayor interes. Mi principal deseo es el de lograr ser hijo adoptivo de S. M. el Emperador nuestro augusto So-

l'Empereur, notre Auguste Souverain. Je me crois digne de cette adoption qui serait véritablement le bonheur de ma vie, par mon amour et mon attachement parfait pour la personne sacrée de Sa Majesté, comme par ma soumission et mon obéissance entière à ses intentions et à ses ordres. Je désire en outre bien ardemment sortir de Valencey; parce que cette résidence qui n'a rien que de triste pour nous, ne nous convient d'ailleurs sous aucun rapport.

J'aime à me confier dans la grandeur des procédés, dans la bonté généreuse de Sa Majesté Impériale et Royale, et à croire que mes vœux les plus ardens seront bientôt remplis.

Agréez, etc.   Signé FERDINAND.

Voyez le Moniteur du 26 avril 1810.

N.º X.

Acte d'obéissance et serment de fidélité au Roi Joseph I.er, de MM. le duc de San-Carlos, Don Jean Escoiquiz, le marquis d'Ayerbe, Don Antoine Conde, Don Pierre Macanaz et autres.

Sire : tous les Espagnols qui composent la suite de LL. AA. RR. les princes Ferdinand, Charles et Antoine, instruits par la voie

berano. Yo me considero digno de esta adopcion que seria verdaderamente la felicidad de mi vida, por mi amor y adesion perfecta á la persona sagrada de S. M., y por mi sumision y obediencia entera á sus ordenes. Yo deseo ademas ardientemente salir de Valencey, porqué esta residencia es mui triste para nosotros y no nos conviene por ningun titulo.

Me lisonjeo en confiar en la grandeza de los procedimientos, en la bondad generosa de S. M. I. y R. y en creer que nuestros mas ardientes votos, serán mui pronto satifechos.

Reciba Vm. etc.   *Firmado* FERNANDO.

Vease el Monitor de 26 de abril de 1810.

N.º 10.

Acto de sumision y juramento de fidelidad al Rey Don José 1.º, del duque de San Carlos, Don Juan Escoiquiz, el Marques de Ayerbe, Don Antonio Conde, Don Pedro Macanaz y otros.

Todos los Españoles que componen la comitiva de sus AA. RR. los Principes Don Fernando, Don Carlos y Don Antonio, instruidos por la voz publica

publique de l'installation de l'Auguste personne de Votre Majesté Catholique sur le trône de leur patrie avec le consentement de toute la nation; en conséquence du sentiment unanime qu'ils exposèrent dans la note ci-jointe à Sa Majesté l'Empereur et Roi de vouloir rester Espagnols, et d'être bien éloignés de vouloir en aucune manière se soustraire à ces lois du pays; entendent au contraire y rester constamment soumis; regardent comme un devoir le plus urgent, celui de se conformer au systéme adopté par leur Nation, et de rendre comme elle leur humble hommage à Votre Majesté Catholique : comme aussi de l'assurer du même devouement, du même respect, et de la même loyauté, dont ils ont donné les preuves les plus signalées au gouvernement précédent.

Ils croient que cette fidélité même sera pour Votre Majesté Catholique le plus sûr garant de la sincérité de leurs sentimens qu'ils expriment, en jurant obéissance à la nouvelle constitution de leur pays, et fidélité au roi d'Espagne Joseph premier.

La générosité connue de Votre Majesté Catholique, sa bonté, son humanité, leur font espérer que, considérant le besoin que

de la instalacion de la augusta persona de V. M. C. en el trono de su patria, *con el consentimiento de toda la Nacion;* en conseqüencia del sentimiento unanime que expusieron en la nota adjunta à S. M. el Emperador y Rey de querer conservar su calidad de Españoles, y de estar mui distantes de querer do modo alguno substraerse á las leyes del pais; piensan al contrario quedar sometidos constantemente á ellas; miran como un deber el mas urgente el de conformarse con el sistema adoptado por su Nacion, y el rendir como ella sus homenages humildes á V. M. C.; como tambien asegurarle de la misma adesion, el mismo respeto y la misma lealtad, de que han dado las mas señaladas pruebas al gobierno precedente.

Ellos creen que esta misma fidelidad será para V. M. C. la garantia mas segura de la sinceridad de los sentimientos que manifiestan, jurando obediencia á la nueva constitucion de su pais, y fidelidad al Rey José I.º

La generosidad conocida de V. M. C., su bondad, su humanidad, les hacen esperar que considerando la necesidad que estos Principes tienen de la conti-

ces princes ont de la continuation de leur service dans la situation où ils se trouvent, elle daignera confirmer la permission qu'ils ont due jusqu'ici pour cet effet à la magnanimité de Sa Majesté Impériale et Royale : et que Votre Majesté Catholique avec une égale magnanimité daignera aussi leur continuer par rapport à leurs personnes, leurs bienfaits, et leurs emplois en Espagne ; les mêmes grâces qui, à leur demande leur ont été accordées par Sa Majesté l'Empereur et Roi son Auguste frère, et qui sont exprimées dans la même note ci-jointe qu'ils ont l'honneur de présenter aux pieds de Votre Majesté Catholique accompagnée de leurs humbles prières.

Assurés par ce moyen d'être regardés dans les postes qu'ils occupent auprès de LL. AA. RR, comme des fidèles sujets de Votre Majesté Catholique, et comme de vrais Espagnols, et prêts en même temps à obéir aveuglément à la moindre volonté de Votre Majesté Catholique, si elle veut les employer autre part, ils partageront complètement la satisfaction de tous leurs compatriotes, qu'un monarque, si juste, si humain sous tous les rapports, doit rendre pour toujours heureux. Ils adressent à Dieu leurs vœux

nuacion de sus servicios en la situacion en que se hallan, se dignará confirmar el permiso que han debido hasta ahora á la magnanimidad de S. M. I. y R.; y que V. M. C. con una magnanimidad igual se dignará tambien continuarles con relacion á sus personas su proteccion y la conservacion de sus empleos en España; cuyas gracias les han sido concedidas, á peticion suya por S. M. el Emperador y Rey, su augusto hermano, segun estan expecificadas en la nota adjunta, que han tenido el honor de presentar A. L. P. de V. M. C. acompañada de sus humildes suplicas.

Asegurados por este medio de ser considerados en los puestos que ocupan cerca de SS. AA. RR, como fieles vasallos de V. M. C.; y como verdaderos Españoles, y prontos al mismo tiempo á obedecer ciegamente la menor voluntad de V. M. C., si quisiese emplearlos en otra parte, ellos participarán completamente de la satisfaccion de todos sus compatriotas, que *un Monarca tan justo, tan humano, tan grande bajo todos aspectos, debe hacer para siempre dichosos.* Ellos dirigen á Dios sus ardientes

fervens et unanimes pour que ces espérances se vérifient, et pour qu'il daigne conserver pendant de longues années, la vie de Votre Majesté Catholique, qu'il a destinée à les remplir.

C'est avec ces sentimens du plus sincère et du plus profond respect, qu'ils ont l'honneur d'être, Sire, aux pieds de Votre Majesté Catholique, les très - humbles serviteurs et fidèles sujets, au nom de toutes les personnes de la suite des Princes.

Le Duc de San-Carlos, *Grand d'Espagne de première classe, lieutenant général de l'armée royale de Sa Majesté Catholique, et grand-maître de la maison de LL. AA. RR.*

Don Juan Escoquiz, *grand aumônier de LL. AA. RR. et Conseiller d'état de Sa Majesté Catholique;*

Le Marquis d'Ayerbe, *grand d'Espagne et gentilhomme de la chambre royale de Sa Majesté Catholique.*

Don Antoine Conde, *maréchal de camp de l'armée royale et gentilhomme de la chambre royale de Sa Majesté Catholique.*

Don Pierre Macanaz, *conseiller du suprême conseil de finances de Sa Majesté Catholique, et secrétaire de LL. AA. RR.*

Valençey, 22 juin 1808.

y unanimes votos para que estas esperanzas se veri-
fiquen, y para que se digne conservar por dilatados años la vida preciosa de V. M. C., que ha desti-
nado á realizarlos.

Con estos sentimientos del mas sincero y mas pro-
fundo respeto tienen el honor de ser, Señor, A. L. P.
de V. M. C. los mas humildes servidores y fieles vasallos, en nombre de todas las personas de la comitiva de los Principes :

El Duque de San-Carlos, Grande de España de
primera clase, teniente general de los reales exercitos de S. M. C. y Mayordomo mayor de la casa
de SS. AA. RR.

Don Juan Escoquiz, Limosnero-mayor de SS. AA.
RR. y Consejero de Estado de S. M. C.

El Marques de Ayerbe, Grande de España y Gentil-hombre de camara de S. M. C.

Don Antonio Conde, Mariscal de campo de los
reales exercitos de S. M. C. y Gentil-hombre de
camara.

Don Pedro Macanaz, Consejero del Consejo su-
premo de Hacienda de S. M. C. y Secretario de
SS. AA. RR.

Valencey, á 22 de junio de 1808.

N.º XI.

Lettre de Ferdinand VII à la Régence.

La divine Providence qui , par un de ses desseins secrets, a permis que je fusse transporté du palais de Madrid au château de Valencey , a daigné m'accorder la santé et les forces dont j'avais besoin, et la consolation de n'avoir pas été un seul moment séparé de mon très-cher oncle, l'Infant Don Antonio , et de mon bien-aimé frère, l'Infant Don Carlos.

Nous avons trouvé une noble hospitalité dans ce château; notre existence y a été jusqu'à ce jour aussi agréable que pouvait le permettre ma position ; et , depuis mon arrivée , j'ai employé le temps de la manière la plus analogue à mon nouvel état.

Les seules nouvelles que j'ai pu recevoir de ma chère Espagne me sont parvenues par le canal des gazettes françaises. Elles m'ont donné quelque connaissance de ses sacrifices pour moi , de la généreuse et inaltérable constance de mes fidèles sujets, de la persévérante assistance de l'Angleterre, de l'admirable conduite du général en chef lord

N.º 11.

Carta de Don Fernando VII à la Regencia.

La divina Providencia que , por uno de sus designios secretos, ha permitido que yo fuese transportado desde el palacio de Madrid á la quinta de Valencey , se ha dignado concederme la salud y las fuerzas que necesitaba , y el consuelo de no haber estado separado ni un solo momento de mi mui querido tio el Infante Don Antonio , y de mi mui amado hermano el Infante Don Carlos.

Hemos hallado una noble hospitalidad en esta Quinta ; nuestra existencia ha sido hasta ahora en ella tan agradable como podia permitirlo mi posision , y desde mi llegada he empleado el tiempo del modo mas anologo á mi nuevo estado.

Las unicas noticias que he podido recibir de mi amada España me han llegado por el canal de las gazetas francesas. Ellas me han dado algun conocimiento de sus sacrificios en mi favor, de la generosa é inalterable constancia de mis fieles subditos, de la perseverante asistencia de la Ynglaterra , de la

Wellington, et du nom des généraux espagnols et des généraux alliés qui se sont distingués.

Le ministère anglais, dans ses communications du 23 avril de l'année dernière, avait déclaré authentiquement que l'Angleterre était disposée à écouter des propositions de paix, dont les préliminaires seraient de me reconnaître; cependant, les maux de mon royaume duraient encore.

L'Espagne était toujours dans cet état d'observation passive, mais vigilante, lorsque l'empereur des Français, roi d'Italie, par l'organe de son ambassadeur, le comte de la Forest, me fit faire spontanément des propositions de paix, fondées sur mon rétablissement au trône, sur l'intégrité et l'indépendance de mes domaines, sans aucune clause qui ne fût conforme à l'honneur, à la gloire et à l'intérêt de la nation espagnole.

Persuadé que l'Espagne ne pourrait, même après une longue suite de victoires, obtenir une paix plus avantageuse, j'autorisai le duc de San-Carlos à traiter en mon nom avec le comte de La Forest, plénipotentiaire nommé à cet effet par l'Empereur Napoléon. Après l'heureuse conclusion de ce traité, j'ai nommé le même duc pour le porter à la régence,

admirable conducta del general en xéfe Welington, y del nombre de los generales Españoles y aliados que se han distinguido.

El ministerio ingles, en sus comunicaciones de 23 de abril del año ultimo, habia declarado autenticamente que la Ynglaterra estaba dispuesta á escuchar proposiciones de paz, cuyos preliminares serian el reconocerme. Sin embargo de esto los males de mi reyno duraban todabia.

La España se hallaba aun en un estado de observacion pasiva, pero vigilante, quando el Emperador de los Franceses, Rey de Italia, por el organo de su Embajador el Conde de la Forest, me hizo hacer espontaneamente proposiciones de paz, fundadas sobre mi restablecimiento en el trono, sobre la integridad y la independencia de mis dominios, *sin clausula alguna que no fuese conforme al honor, á la gloria y al interes de la Nacion española.*

Persuadido que la España no podria, aun despues de una larga serie de victorias, obtener una paz mas ventajosa, autoricé al Duque de San-Carlos á tratar en mi nombre con el Conde de la Forest, plenipotenciario nombrado al efecto por el Emperador Napoleon. Despues de la dichosa conclusion de este tratado, he nombrado al mismo Duque para

régence, afin qu'en témoignage de la confiance que j'ai pour les membres qui la composent, elle en fasse les ratifications suivant l'usage, et me renvoie ensuite, sans perdre de temps, le traité revêtu de cette formalité.

Quelle satisfaction pour moi de faire enfin cesser l'effusion du sang, de voir le terme de tant de maux! Et combien je soupire après le moment heureux où je me verrai de retour au milieu d'une nation, qui vient de donner à l'univers l'exemple de la plus pure loyauté, et du plus noble et du plus généreux caractère! Signé FERDINAND. — A la régence d'Espagne. Pour copie conforme. Signé JOSEPH LUYANDO.

Valencey, le 8 décembre 1813.

N.º XII.

Gazette extraordinaire de Madrid, du 12 mai, article officiel.

LE ROI.

Depuis que la divine Providence, par l'abdication spontanée et solemnelle de mon auguste père, m'a placé sur le trône de mes ancêtres, à la succession duquel le royaume m'avait déjà appelé par le serment de fidélité prêté par les députés réunis en Cortès, suivant les lois et les coutumes de la Nation

llevarlo á la Regencia, á fin de que, en testimonio de la confianza que tengo en los miembros que la componen, haga las ratificaciones segun el uso, y me devuelva sin perdida de tiempo el tratado, revestido de esta formalidad.

¡Que satisfaccion para mi de hacer cesar al fin la efusion de sangre, y ver el termino de tantos males! ¡Y como suspiro por el momento feliz en que me veré de regreso en medio de una Nacion que acaba de dar al universo el exemplo de la mas pura lealtad, y del mas noble y mas generoso caracter.

En Valencey, á 8 de diciembre de 1813.

Firmado FERNANDO. A la Regencia de España.

Es copia : *Firmado* JOSÉ LUYANDO.

N.º 12.

Gaceta extraordinaria de Madrid del Jueves 12 de mayo de 1814, articulo de oficio.

EL REY.

Desde que la divina Providencia por medio de la renuncia espontánea y solemne de mi augusto padre me puso en el trono de mis mayores, del qual me tenia ya jurado sucesor el reyno por sus procuradores juntos en Cortes, segun fuero y costumbre de la nacion española, usados de largo

espagnole, en usage de temps immémorial; et depuis cet heureux jour où je fis mon entrée dans la capitale, au milieu des plus sincères démonstrations d'amour et de fidélité que me témoigna le peuple de Madrid, qui, par cette preuve de son attachement pour ma personne royale, en imposa aux troupes françaises, qui, sous le prétexte de l'amitié, s'étaient avancées précipitamment sur cette ville : ce qui fut un présage de ce qu'exécuterait un jour ce peuple héroïque pour son Roi et pour son honneur, en donnant l'exemple que suivirent noblement tous les autres peuples du royaume; depuis ce jour, je résolus, pour répondre à des sentimens si loyaux, et pour satisfaire aux grandes obligations qu'un Roi contracte avec ses peuples, de consacrer tout mon temps à l'accomplissement de si augustes fonctions, et à réparer les malheurs que put occasionner, sous le règne précédent, la pernicieuse influence d'un favori.

Mes premiers soins furent de réintégrer dans leurs emplois divers magistrats et autres personnes qui en avaient été arbitrairement dépouillés ; mais la pénible situation des choses, et la perfidie de Buona-

tiempo ; y desde aquel fausto dia en que entré en la capital, en medio de las mas sinceras demostraciones de amor y lealtad con que el pueblo de Madrid salió á recibirme, imponiendo esta manifestacion de su amor á mi real persona á las huestes francesas, que con achaque de amistad se habian adelantado apresuradamente hasta ella, siendo un présagio de lo que un dia executaria este heroyco pueblo por su Rey y por su honra, y dando el exemplo que noblemente siguieron todos los demas del reyno: desde aquel dia, pues, puse en mi real ánimo para responder á tan leales sentimientos, y satisfacer á las grandes obligaciones en que está un Rey para con sus pueblos, dedicar todo mi tiempo al desempeño de tan augustas funciones, y á reparar los males á que pudo dar ocasion la perniciosa influencia de un valido durante el reynado anterior.

Mis primeras manifestaciones se dirigieron á la restitucion de varios magistrados y de otras personas á quienes arbitrariamente se habia separado de sus destinos ; pero la dura situacion de las cosas y la perfidia de *Bonaparte*, de cuyos crueles

parte, dont je voulus éviter à mes peuples
les cruels effets, en me rendant à Bayonne,
ne me permirent pas alors d'aller plus avant.
Là se trouva réunie toute la famille royale,
et il s'y commit envers elle, et particulièrement envers ma personne, un attentat
si atroce, que l'histoire des nations civi-
lisées n'en présente pas de semblable, autant par les circonstances que par la série
des événemens qui s'y passèrent. Par la vio-
lation sans exemple du droit sacré des
gens, je fus privé de ma liberté, et, par
le fait, du gouvernement de mes royaumes,
et transféré dans un château avec mes bien-
aimés frère et oncle, où, pendant l'espace
de six ans, ce séjour nous a servi d'honorable prison.

Au milieu de ces afflictions, j'ai toujours
eu présens à ma pensée l'amour et la fidélité de mes peuples; et les maux infinis auxquels ils restaient exposés, y contribuèrent
beaucoup : entourés d'ennemis, presque dépourvus de tout pour pouvoir leur résister;
sans Roi et sans gouvernement déjà orga-
nisé, qui pût à sa voix mettre en mouvement et réunir les forces de la Nation, diriger leur impulsion et utiliser les ressources
de l'Etat, pour combattre les armées impo-

efectos quise, pasando á Bayona, preservar á mis pueblos, apenas dieron lugar á mas. Reunida alli la real familia, se cometió en toda ella, y señaladamente en mi persona, un tan atroz atentado, que la historia de las Naciones cultas no presenta otro igual, asi por sus circunstancias, como por la serie de sucesos que alli pasaron; y violado en lo mas alto el sagrado derecho de gentes, fuí privado de mi libertad, y de hecho del gobierno de mis reynos, y trasladado á un palacio con mis muy caros hermano y tio, siviéndonos de decorosa prision casi por espacio de seis años aquella estancia.

En medio de esta afliccion siempre estuvo presente á mi memoria el amor y lealtad de mis pueblos, y era gran parte de ella la consideracion de los infinitos males á que quedaban expuetos : rodeados de enemigos; casi desprovistos de todo para poder resistirles; sin Rey y sin un gobierno de antemano establecido, que pudiese poner en movimiento, y reunir á su voz las fuerzas de la Nacion y dirigir su impulso, aprovechar los recursos del estado para combatir las considerables fuerzas que

santes qui simultanément envahirent la péninsule, et que la perfidie avait mis en pos-
session de ses principales forteresses. Dans
ce déplorable état, je rendis en la forme
que le permit l'appareil de la force qui m'en-
vironnait, comme l'unique ressource qui res-
tait, le décret du 5 mai 1808, adressé au
conseil de Castille, et, à son défaut, à toute
autre chancellerie ou tribunal qui jouirait de
sa liberté, à l'effet de convoquer les Cortès,
lesquelles devraient uniquement s'occuper à
préparer pour lors les moyens nécessaires de
pourvoir à la défense du royaume, et rester en permanence pour tout ce qui pourrait
survenir ; mais, par malheur, mon décret
ne fut point connu alors ; et, quoiqu'il l'ait
été depuis, les provinces pourvurent à leur
administration des Juntes, qu'elles formèrent
aussitôt qu'elles eurent connaissance de la
scène cruelle provoquée, à Madrid, par le
chef des troupes françaises, dans la mémorable journée du 2 mai.

Sur ces entrefaites eut lieu la glorieuse
bataille de Baïlen ; les Français se retirèrent
jusqu'à Victoria, et toutes les provinces ainsi
que la capitale me proclamèrent de nouveau
Roi de Castille et de Léon, dans la forme
usitée pour les Rois mes augustes prédéces-

simultáneamente invadieron la península, y estaban ya pérfidamente apoderadas de sus principales plazas. En tan latimoso estado expedí, en la forma que rodeado de la fuerza lo pude hacer, como el único remedio que quedaba, el decreto de 5 de mayo de 1808, dirigido al Consejo de Castilla, y en su defecto á qualquiera chancillería ó audiencia que se hallase en libertad, para que se convocasen las *Cortes;* las quales únicamente se habrian de ocupar por el pronto en proporcionar los arbitrios y subsidios necesarios para atender á la defensa del reyno, quedando permanentes para lo demas que pudiese ocurrir; pero este mi real decreto por desgracia no fué conocido entonces; y aunqne despues lo fué, las provincias proveyeron, luego que llegó à todas la noticia de la cruel escena provocada en Madrid por el gefe de las tropas francesas en el memorable dia dos de mayo, á su gobierno por medio de las *juntas* que créaron.

Acaeció en esto la gloriosa batalla de Baylen; los Franceses huyeron hasta Vitoria; y todas las provincias y la capital me aclamaron de nuevo Rey de Castilla y de Leon, en la forma con que lo han sido los Reyes mis augustos prédecesores;

seurs : événement récent , dont les médailles frappées en tous lieux donnent un témoignage authentique , et qui a été confirmé par les cris d'allégresse des peuples par où j'ai passé à mon retour de France , cris qui ont excité la sensibilité de mon cœur , d'où ils ne s'effaceront jamais. Des députés nommés par les Juntes se forma la Junte centrale, qui exerça en mon nom tout le pouvoir de la souveraineté , depuis septembre 1808 jusqu'en janvier 1810 ; et , à cette époque , se forma le premier conseil de régence qui continua à exercer l'autorité royale jusqu'au 24 septembre de la même année , où furent installées, à l'île de Léon , les Cortès appelées générales et extraordinaires , dans lesquelles cent quatre députés , dont cinquante-sept propriétaires et quarante-sept suppléans , concoururent à l'acte du serment par lequel ils s'obligèrent à me conserver tous mes états, comme à leur Souverain , ainsi qu'il est constaté par l'acte certifié par le secrétaire d'état ministre de la justice , Don Nicolas Maria de Sierra.

Mais dans ces Cortès, convoquées d'une manière inusitée en Espagne même dans les cas les plus difficiles, et dans les temps orageux des minorités des Rois, où le concours

hecho reciente, de que las medallas acuñadas por todas partes dan verdadero testimonio, y que han confirmado los pueblos por donde pasé á mi vuelta de Francia con la efusion de sus *vivas*, que conmovieron la sensibilidad de mi corazon, adonde se grabaron para no borrarse jamas. De los diputados que nombraron las *juntas* se formó la *Central*, quien exerció en mi real nombre todo el poder de la soberanía desde setiembre de 1808, en cuyo mes se estableció el primer *Consejo de Regencia*, donde se continuó el exercicio de aquel poder hasta el dia 24 de setiembre del mismo año, en el qual fueron instaladas en la Isla de Leon las *Cortes* llamadas *generales y extraordinarias*, concuriendo al acto del juramento, en que prometieron conservarme todos mis dominios, como á su Soberano, 104 diputados, á saber, 57 propiétarios y 47 *suplentes*, como consta del acta que certificó el secretario de Estado y del despacho de Gracia y Justicia D. Nicolas María de Sierra.

Pero á estas cortes, convocadas de un modo jamas usado en España, aun en los casos mas arduos, y en los tiempos turbulentos de minoridades de Reyes, en que ha solido ser mas nume-

des députés a toujours été plus nombreux que dans les Cortès ordinaires, on n'appela point les ordres de la noblesse et du clergé, quoique la Junte centrale l'eût ordonné; parce qu'artificieusement on avait caché ce décret au conseil de régence à qui la Junte avait aussi déféré la présidence des Cortès, prérogative de la souveraineté, que la Régence n'eût pas laissée à la volonté du congrès, si elle en avait eu connaissance. Par ce moyen, tout resta à la disposition des Cortès, qui, le jour même de leur installation et par le premier de leurs actes, me dépouillèrent de cette souveraineté que ces mêmes députés avaient reconnue peu de temps dúparavant, et l'attribuèrent nominativement à la Nation pour s'en emparer eux-mêmes, et, au moyen de cette usurpation, lui donner des lois à leur volonté, en lui imposant le joug de les recevoir par la violence, dans une nouvelle constitution que les députés firent, sanctionnèrent et publièrent en 1812, sans être revêtus des pouvoirs des provinces, des peuples ou des Juntes, et à l'insu de celles qui se disaient représentées par suppléans d'Espagne et des Indes.

Ce premier attentat contre les prérogatives du trône, en abusant du nom de la Nation,

roso el concurso de procuradores, que en las Cortes comunes y ordinarias, no fueron llamados los estados de *nobleza y clero*, aunque la *Junta Central* lo habia mandado, habiendose ocultado con arte al Consejo de Regencia este decreto, y tambien que la junta le habia asignado la presidencia de las Cortes, prerogativa de su soberanía, que no habria dexado la Regencia al arbitrio del Congreso, si de él hubiese tenido noticia. Con esto quedó todo á la disposicion de las Cortes, las quales en el mismo dia de su instalacion, y por principio de sus actas, me despojaron de la soberanía, poco antes reconocida por los mismos diputados, atribuyéndola nominalmente á la Nacion para apropiarsela á sí ellos mismos, y dar á esta despues sobre tal usurpacion las leyes que quisieron, imponiendole el yugo de que forzosaménte las recibiese en una *nueva constitucion*, que sin poder de provincia, pueblo ni junta, y sin noticia de las que se decian representadas por los *suplentes* de España é Indias, establecieron los diputados, y ellos mismos sancionaron y publicaron en 1812.

Este primer atentado contra las prerrogativas del trono, abusando del nombre de la Nacion, fué

fut, en quelque sorte, la base des nombreux attentats qui le suivirent ; et malgré l'opposition de plusieurs députés, peut-être du plus grand nombre, furent faites, par le moyen des cris, des menaces et de la violence de ceux qui fréquentaient les tribunes des Cortès et qui répandaient la terreur, des lois qu'ils appelèrent fondamentales ; et ce qui était véritablement l'ouvrage d'une faction était représenté comme l'effet d'une volonté générale, qui n'était réellement que celle d'un petit nombre de séditieux qui, à Cadix et ensuite à Madrid, causèrent tant de chagrins et de peines aux gens de bien.

Ces faits sont si notoires, qu'il n'est personne qui les ignore, et les journaux même des Cortès en fournissent un témoignage authentique. Un mode de faire des lois, si étranger à la Nation espagnole, causa l'altération des bonnes lois qui en d'autres temps la firent respecter et la rendirent heureuse. A la vérité, presque toute la forme de l'ancienne constitution de la monarchie fut innovée ; on adopta les principes révolutionnaires et démocratiques de la constitution française de 1791 ; et violant ce qui est énoncé en tête de celle qui fut faite à Cadix, on sanctionna, non des lois fondamentales d'une monarchie

como la base de los muchos que á este siguieron,
y á pesar de la repugnancia de muchos diputados,
tal vez del mayor número, fueron adoptados y
elevados á leyes, que llamaron *fundamentales,*
por medio de la gritería, amenazas y violencia de
los que asistian á las *galerías* de las *Cortes,* con
que se imponia y aterraba; y á lo que era verdaderamente obra de una faccion, se le revestia del
especioso colorido de *voluntad general,* y por tal
se hizo pasar la de unos pocos sediciosos, que en
Cádiz, y despues en Madrid, ocasionaron á los
buenos cuidados y pesadumbre.

Estos hechos son tan notorios, que apenas hay
uno que los ignore, y los mismos *Diarios* de las
Cortes dan harto testimonio de todos ellos. Un
modo de hacer leyes, tan ageno de la Nacion española, dió lugar á la alteracion de las buenas
leyes con que en otro tiempo fué respetada y feliz.
A la verdad, casi toda la forma de la antigua
constitucion de la monarquia se innovó; y copiando
los principios revolucionarios y democráticos de la
constitucion francesa de 1791, y faltando á lo mismo que se anuncia al principio de la que se formó
en Cadiz, se sancionaron, no *leyes fundamenta-*
les de una monarquía moderada, sino las de un

modérée, mais celles d'un gouvernement populaire, avec un chef ou magistrat simplement délégué pour leur exécution, et nullement Roi, quoiqu'on lui donne ce nom pour en imposer à la multitude et à la Nation.

Cette nouvelle constitution fut signée et assermentée avec le même défaut de liberté; et tout le monde sait non seulement ce qui est arrivé au respectable évêque d'Orense, mais aussi les peines dont on menaça ceux qui se refuseraient à la signer et à lui prêter serment. Pour disposer les esprits à admettre des innovations si extraordinaires, et surtout celles qui concernent ma personne et les prérogatives du trône, on chercha par le moyen des journaux, dont quelques-uns étaient rédigés par des députés des Cortès, et en abusant de la liberté de la presse, qui était leur ouvrage, à rendre odieuse l'autorité royale en donnant à tous les attributs de la majesté le nom de despotisme, en rendant synonyme le nom de roi et de despote, en appelant les rois des tyrans; en même temps qu'on persécutait cruellement tous ceux qui avaient le courage de contredire, ou du moins de ne point partager ces principes révolutionnaires et séditieux : et en tout

gobierno popular, con un xefe ó magistrado, mero executor delegado, que no Rey, aunque alli se le dé este nombre para alucinar y seducir á los incautos y á la Nacion.

Con la misma falta de libertad se firmó y juró esta *nueva constitucion;* y es conocido de todos, no solo lo que pasó con el respetable obispo de Orense; pero tambien la pena con que á los que no la firmasen y jurasen se amenazó. Para preparar los ánimos á recibir tamañas novedades, especialmente las respectivas á mi real persona y prerogativas del trono, se procuró por medio de los *papeles públicos,* en algunos de los quales se ocupaban diputados de Cortes, y abusando de la *libertad de imprenta,* establecida por estas, hacer odioso el poderío real, dando á todos los derechos de la magestad el nombre de *despotismo,* haciendo sinónimos los de *Rey* y *Déspota,* y llamando *tiranos* á los Reyes : al mismo tiempo en que se perseguia cruelmente á qualquiera que tuviese firmeza para contradecir, ó siquiera disentir de este modo de pensar revolucionario y sedicioso ; y en todo se afectó el *democratismo,* quitando del

tout on affecta la démocratie , en supprimant le nom de royaux pour l'armée , pour les escadres et pour tous les établissemens qui depuis long-temps avaient joui de ce titre , et en y substituant celui de nationaux , par lequel on flattait le peuple , qui , malgré des artifices si pervers , a conservé , par cette fidélité qui lui est naturelle , les bons sentimens qui ont toujours formé son caractère.

Aussitôt mon heureuse arrivée dans le royaume , j'ai acquis une connaissance exacte de tous les détails ci-dessus , soit par mes propres observations , soit par les journaux dans lesquels on s'est permis , avec impudence , des expressions si grossières et si infâmes sur mon arrivée et mon caractère , que , même vis-à-vis de tout autre individu , ce serait des offenses graves qui mériteraient une réprimande et un châtiment sévères. Des actions si inattendues ont rempli mon cœur d'une amertume , qui n'a pu être tempérée que par les démonstrations d'amour de tous ceux qui attendaient mon arrivée , afin que ma présence mît un terme à ces maux et à l'oppression qui pesait sur ceux qui ont conservé dans leur cœur le souvenir de ma personne , et qui soupiraient après le véritable bonheur de la patrie.

exército y armada, y de todos los establecimientos que de largo tiempo habian llevado el título de *reales*, este nombre, y substituyendo el de *nacionales*, con que se lisonjeaba al pueblo; quien á pesar de tan perversas artes conservó, por su natural lealtad, los buenos sentimientos que siempre formaron su carácter.

De todo este luego que entré dichosamente en el reyno, fuí adquiriendo fiel noticia y conocimiento, parte por mis propias observaciónes, parte por los *papeles públicos*, donde hasta estos dias con impudencia se derramaron especies tan groseras é infames acerca de mi venida y mi carácter, que aun respecto de qualquier otro serian muy graves ofensas, dignas de severa demostracion y castigo. Tan inesperados hechos llenaron de amargura mi corazon, y solo fueron parte para templarla las demostraciones de amor de todos los que esperaban mi venida para que con mi presencia pusiese fin á estos males, y á la opresion en que estaban los que conservaron en su ánimo, la memoria de mi persona, y suspiraban por la verdadera felicidad de la patria.

6*

Je vous jure et je vous promets, véritables et fidèles Espagnols, en même temps que je compatis aux maux que vous avez soufferts; je vous jure et je vous promets que vous ne serez pas frustrés dans votre noble attente. Votre Souverain veut l'être pour vous; il met sa gloire à être le Roi d'une Nation héroïque, qui par des actions immortelles s'est acquis l'admiration de tous les peuples, et a conservé sa liberté et son honneur. J'abhorre et je déteste le despotisme; les lumières et la civilisation de l'Europe ne sauraient le tolérer; les Rois en Espagne ne furent jamais despotes; ses bonnes lois et sa constitution ne l'ont pas autorisé, quoique par malheur et de temps à autre on ait vu, comme par-tout et dans tout ce qui tient à l'homme, des abus de pouvoir qu'aucune constitution possible ne pourra prévenir entièrement; ils ne provinrent pas des vices de celle que la Nation avait, mais plutôt les effets des circontances tristes, bien rarement vues, y donnèrent lieu.

Néanmoins, pour les prévenir autant qu'il est donné à la prévoyance humaine, c'est-à-dire, en conservant le decorum de la dignité royale et ses droits, car elle les a en soi, et ceux qui appartiennent au peuple, qui sont

Yo os juro y prometo á vosotros, verdaderos y leales Españoles, al mismo tiempo que me compadezco de los males que habeis sufrido, no quedareis defraudados en vuestras nobles esperanzas· Vuestro Soberano quiere serlo para vosotros, y en esto coloca su gloria, en serlo de una Nacion heroyca, que con hechos inmortales se ha grangeado la admiracion de todas, y conservado su libertad y su honra. Aborrezco y detestó el despotismo: ni las luces y cultura de las Naciones de Europa lo sufren ya, ni en España fueron *déspotas* jamas sus Reyes, ni sus buenas leyes y *constitucion* lo han autorizado, aunque por desgracia de tiempo en tiempo se hayan visto, como por todas partes, y en todo lo que es humano, abusos de poder que ninguna *constitucion* posible podrá precaver de todo; ni fueron vicios de la que tenia la Nacion, sino de personas y efectos de tristes, pero mui rara vez vistas, circunstancias que dieron lugar y ocasion á ellos.

Todavía, para precaverlos quanto sea dado á la prevision humana, á saber, conservando el decoro de la dignidad real y sus derechos, pues los tiene de suyo, y los que pertenecen á los pueblos, que

également inviolables, je m'en occuperai avec ses députés d'Espagne et des Indes ; et dans des Cortès légalement réunies, composées des uns et des autres, aussitôt que je pourrai les assembler, après avoir rétabli l'ordre et les bons usages dans lesquels la nation a vécu, et que d'accord avec elle ont établi les Rois, mes augustes prédécesseurs ; on fixera d'une manière durable et légitime tout ce qui pourra convenir au bien de mes royaumes, afin que mes sujets vivent heureux sous une religion et un gouvernement unis par un lien indissoluble, qui seuls peuvent assurer la félicité temporelle d'un roi et d'un royaume qui ont par excellence le titre de catholiques ; et bientôt on s'occupera à préparer et à régler ce qui paraîtra le plus convenable pour la réunion de ces Cortès, où j'espère que seront consolidées les bases de la prospérité de mes sujets qui habitent les deux hémisphères.

La liberté et la sûreté réelle et individuelle seront solidement assurées au moyen de lois, qui, affermissant l'ordre et la tranquillité publique, laissent à tous cette liberté salutaire qui distingue un gouvernement modéré d'un gouvernement arbitraire et despotique, et de laquelle les sujets puissent jouir d'une

son igualmente inviolables , Yo trataré con sus procuradores de España y de las Indias ; y en Cortes legítimamente congregadas, compuestas de unos y otros, lo mas pronto que , restablecido el órden y los buenos usos en que ha vivido la Nacion , y con su acuerdo han establecido los Reyes mis augustos predecesores, las pudiere juntár ; se establecerá sólida y legítimamente quanto convenga al bien de mis reynos, para que mis vasallos vivan prósperos y felices en una religion y un imperió estrechamente unidos en indisoluble lazo; en lo qual, y en solo esto consiste la felicidad temporal de un Rey y un reyno, que tienen por excelencia el título de *Católicos* ; y desde luego se pondrá mano en preparar y arreglar lo que parezca mejor para la reunion de estas Cortes, donde espero queden afianzadas las bases de la prosperidad de mis súbditos , que habitan en uno y otro emisferio.

La libertad y seguridad *individual* y *real* quedarán firmemente aseguradas por medio de leyes que, afianzando la pública tranquilidad y el órden , dexen á todos la saludable libertad, en cuyo goce imperturbable , que distingue á un gobierno moderado de un gobierno arbitrario y despótico, deben

manière imperturbable. *Tous jouiront égale-*
lement de cette juste liberté pour manifester
leurs idées par la voie de l'impression, con-
tenue dans ces limites que la saine raison
prescrit impérieusement à tous, pour qu'elle
ne dégénère pas en licence; car dans aucun
état policé on ne peut raisonnablement per-
mettre qu'on foule aux pieds avec impunité
le respect dû à la religion et au gouverne-
ment, et celui que les hommes doivent mu-
tuellement observer entre eux.

Qu'on ne craigne plus de voir dissiper les
fonds de l'Etat ; ce qui me sera assigné pour
les dépenses qu'exigeront la représentation
de ma personne et de ma famille, et celle de
la Nation que j'ai la gloire de commander,
sera distinct et séparé des fonds qui, avec le
consentement du royaume, seront assignés
pour la conservation de l'Etat dans toutes
les branches de son administration. Et les
lois qui, à l'avenir, devront servir de règle
aux actions de mes sujets, seront établies
avec le consentement des Cortès, de manière
que ces bases puissent être un gage certain
de mes intentions royales dans le gouverne-
ment dont je vais me charger, et qu'elles
fassent connaître à tous non un despote, non

vivir los ciudadanos que estan sujetos á él. De esta
justa libertad gozarán tambien todos para comunicar por medio de la imprenta sus ideas y pensa-
mientos, dentro, á saber, de aquellos límites que
la sana razon soberana é independientemente pres-
cribe á todos para que no degenere en licencia;
pues el respeto que se debe á la religion y al Gobierno, y el que los hombres mútuamente deben
guardar entre sí, en ningun gobierno culto se puede
razonablemente permitir que impunemente se atropelle y quebrante.

Cesará tambien toda sospecha de disipacion de
las rentas del Estado, separando la tesorería de lo
que se asignare para los gastos que exîjan el decoro
de mi real persona y familia, y el de la Nacion á
quien tengo la gloria de mandar, de la de las
rentas que con acuerdo del reyno se impongan
y asignen para la conservacion del Estado en todos
los ramos de su administracion. Y las leyes que en lo
sucesivo hayan de servir de norma para las acciones de mis súbditos, serán establecidas con acuerdo
de las Cortes. Por manera que estas bases pueden
servir de seguro anuncio de mis reales intenciones
en el gobierno de que me voy á encargar, y harán

un tyran, mais plutôt un roi et un père de ses sujets.

C'est pourquoi, après avoir entendu ce que m'ont unanimement rapporté des personnes respectables par leurs talens et leur zèle, et tout ce qui m'a été exposé à cet égard dans les remontrances qu'on m'a adressées des diverses parties du royaume, où l'on exprime la répugnance et le déplaisir avec lesquels sont vus dans les provinces la constitution faite par les Cortès générales et extraordinaires, ainsi que les autres établissemens politiques nouvellement introduits ; les inconvéniens et les maux qui en sont provenus, et qui s'accroîtraient si j'autorisais par mon consentement et si je faisais serment de maintenir cette constitution ; voulant me conformer aux démonstrations si formelles et si générales de la volonté de mes peuples, sur-tout lorsqu'elles sont si justes et si bien fondées, je déclare que mon intention royale est non seulement de ne pas jurer d'accepter cette constitution, ni de donner mon adhésion à aucun décret des Cortès générales et extraordinaires, et des ordinaires actuellement réunies, tels que ceux qui sont attentoires aux droits et prérogatives de ma souveraineté établis par la constitution et les

conocer á todos no un *déspota* ni un *tirano*, sino un Rey y un padre de sus vasallos.

Por tanto, habiendo oido lo que unanimemente me han informado personas respetables por su zelo y conocimientos, y lo que acerca de quanto aqui se contiene se me ha expuesto en representaciones, que de varias partes del reyno se me han dirigido, en las quales se expresa la repugnancia y disgusto con que asi la *constitucion* formada en las *Cortes generales y extraordinarias*, cómo los demas establecimientos políticos de nuevo introducidos son mirados en las provincias; los perjuicios y males que han venido de ellos, y se aumentarian si Yo autorizase con mi consentimiento, y jurase aquella *constitucion*; conformándome con tan decididas y generales demostraciones de la voluntad de mis pueblos, y por ser ellas justas y fundadas, declaro que mi real ánimo es no solamente no jurar ni acceder á dicha *constitucion* ni á decreto alguno de las *Cortes generales y extraordinarias*, y de las *ordinarias* actualmente abiertas, á saber, los que sean depresivos de los derechos y prerogativas de mi soberanía, establecidas por la constitucion y las leyes en que de largo tiempo

lois qui depuis long-temps ont régi la Nation;
mais encore de déclarer cette constitution
et ces décrets nuls et de nul effet et valeur, à
présent et dans aucun temps, comme si ces
actes n'eussent jamais existé, et sans que
mes peuples et sujets, de quelque classe et
condition qu'ils soient, puissent être obligés
à les exécuter et observer.

Et comme celui qui voudrait les maintenir
et s'opposer à ma déclaration royale, prise du
consentement et de la volonté de mes peuples,
attenterait aux prérogatives de ma couronne
et au bonheur de la Nation, et causerait des
troubles dans mes royaumes, je le déclare
coupable de lèse-majesté, pour un semblable
attentat, et ordonne que comme tel il sera
puni de mort, soit qu'il l'exécute de fait ou par
écrit, ou par ses discours, en engageant, en
excitant, ou exhortant, de quelque manière
que ce soit, à observer et à exécuter ladite
constitution et lesdits décrets.

Jusqu'au rétablissement de l'ordre, et de ce
qui s'observait dans le royaume avant les innovations qu'on y a introduites, à quoi il sera
pourvu par tous les moyens convenables, sans
perdre de temps, et pour que l'administration de la justice ne soit pas interrompue, ma
volonté est qu'en attendant, les justices ordi-

la Nacion ha vivido, sino el declarar aquella *constitucion* y tales *decretos* nulos y de ningun valor ni efecto, ahora ni en tiempo alguno, como si no hubiesen pasado jamas tales actos, y se quitasen de enmedio del tiempo, y sin obligacion en mis pueblos y súbditos, de qualquiera clase y condicion, á cumplirlos ni guardarlos.

Y como el que quisiese sostenerlos, y contradixere esta mi real declaracion, tomada con dicho acuerdo y voluntad, atentaria contra las prerogativas de mi soberanía y la felicidad de la Nacion, y causaria turbacion y desasosiego en mis reynos, declaro reo de lesa-magestad á quien tal osare ó intentare, y que como á tal se le imponga la pena de la vida, ora lo execute de hecho, ora por escrito ó de palabra, moviendo ó incitando, ó de qualquier modo exhortando y persuadiendo á que se guarden y observen dicha *constitucion* y *decretos*.

Y para que entretanto que se restablece el órden, y lo que antes de las novedades introducidas se observaba en el reyno, acerca de lo qual sin perdida de tiempo se irá proveyendo lo que convenga, no se interrumpa la administracion de justicia, es mi voluntad que entretanto continúen las justicias or-

naires des villages où elles sont établies continuent leurs fonctions, ainsi que les juges là
où il y en aura, et les cours; les intendans et
autres tribunaux de justice, dans leur ressort.

Quant à la police et à l'administration, les
municipalités des villes restent dans leur état
actuel; et, en attendant qu'on rétablisse ce qu'il
conviendra de maintenir, jusqu'à ce que, après
avoir entendu les Cortès que je convoquerai,
on puisse asseoir un ordre stable dans cette
partie du gouvernement du royaume , à compter du jour de la publication de ce décret, et
de sa communication au président des Cortès
actuellement réunies, elles cesseront leur session et leurs actes, ainsi que ceux des précédentes Cortès, et tous les documens qui
se trouveront dans leurs archives ou secré-
tariats, ou au pouvoir de quelque individu
que ce soit, seront recueillis par la personne chargée de l'exécution du présent décret,
et seront déposés pour le moment à la mu-
nicipalité de la ville de Madrid, en appo-
sant les scellés sur l'appartement où on les
placera : on transportera à la bibliothèque
royale les livres qui composent leur bibliothèque, et quiconque voudra empêcher l'exécution de cette partie de mon décret , de
quelque manière qu'il le fasse, je le déclare

dinarias de los pueblos que se hallan establecidas ,
los jueces de letras adonde los hubiere , y las au-
diencias , intendentes y demas tribunales de justicia
en la administracion de ella.

En lo político y gubernativo los ayuntamientos de
los pueblos segun de presente estan; y entretanto que
se establece lo que convenga guardarse, hasta que,
oidas las Cortes que llamaré , se asiente el órden es-
table de esta parte del gobierno del reyno. Y desde el
dia en que este mi decreto se publique, y fuere comunicado al presidente que á la sazon lo sea de las
Cortes que actualmente se hallan abiertas , cesa-
rán estas en sus sesiones; y sus actas y las de las
anteriores , y quantos expedientes hubiere en su
archivo y secretaría , ó en poder de qualesquiera
individuos , se recojan por la persona encargada de
la execution de este mi real decreto, y se deposi-
ten por ahora en la casa de ayuntamiento de la villa
de Madrid , cerrando y sellando la pieza donde se
coloquen : los libros de su biblioteca se pasarán á
la real ; y á qualquiera que tratare de impedir la
execucion de esta parte de mi real decreto, de qualquier modo que lo haga, igualmente le declaro reo

également coupable de lèse-majesté, et comme tel condamné à perdre la vie.

A compter de ce jour, dans tous les tribunaux du royaume on fera cesser les procédures qui existent pour infractions faites à la constitution ; et ceux qui seraient arrêtés, ou détenus pour de semblables motifs, seront immédiatement mis en liberté, à moins qu'il n'y ait d'autre cause juste pour leur détention ; car c'est ma volonté, parce que le bien et le bonheur de la Nation l'exigent ainsi.

Donné à Valence, le 4 Mai 1814.

MOI LE ROI.

Par le Roi, **Pedro Macanaz.**

N.º XIII.

Circulaire du Ministre de grâce et justice, Don Pierre Macanaz.

Le Roi, informé qu'un grand nombre de ceux qui se sont ouvertement déclarés partisans et fauteurs du gouvernement intrus (1), se disposent à rentrer en Espa-

---

(1) Comment pourra-t-on appeler *partisans* et *fauteurs*, dans le sens qu'on l'emploie, ceux qui furent

- gne

de lesa-magestad, y que como á tal se le imponga la pena de la vida.

Y desde aquel dia cesará en todos los juzgados del reyno el procedimiento en qualquier causa que se halle pendiente por *infraccion de constitucion*; y los que por tales causas se hallaren presos, ó de qualquier modo arrestados, no habiendo otro motivo justo segun las leyes, sean inmediatamente puestos en libertad. Que asi es mi voluntad, por exigirlo todo asi el bien y la felicidad de la Nacion. Dado en Valencia, á 4 de mayo de 1814=Yo el Rey.=Como secretario del Rey con exercicio de decretos, habilitado especialmente para este.=Pedro Macanaz.

N.º 13.

Circular del Ministro de gracia y justicia, Don Pedro Macanaz.

Enterado el Rey de que muchos de los que abiertamente se declararon *parciales* y *fautores* del Gobierno *intruso*, (1) tratan de volver á Espa-

---

(1) *¿ Podrán llamarse parciales y fautores en el tono que se emplea á los que fueron fieles mantenedo-*

gne (2) ; que quelques - uns se trouvent à Madrid, et que parmi ceux-ci il y en a qui portent les marques distinctives (3) qui sont uniquement destinées aux personnes loyales (4) et de mérite ; Sa Majesté, pour éviter le juste chagrin que cette conduite inspire aux bons (5) *et les funestes conséquences qui*

---

les *fidéles soutiens* du Monarque auquel les Rois légitimes ordonnèrent d'obéir? Et pourra-t-on appeler *gouvernement intrus* celui du Roi Joseph, sans attaquer l'opinion de ceux qui l'ont introduit en Espagne, et sans attenter au respect dû aux Princes qui, par amour pour la patrie, et non par faiblesse, lui cédèrent tous leurs droits, et enfin sans se compromettre en commettant une inconséquence et une fausseté? Ainsi la circulaire commence par trois suppositions injustes, et les conséquences qu'on en déduit ont le même caractère de fausseté et d'injustice.

(2) Ils faisaient ce que leur devoir et leur patriotisme exigeaient. Ils retournaient en Espagne avec le Roi, qui leur avait offert la protection qu'ils méritaient, et la patrie était aussi intéressée à leur retour qu'ils l'étoient eux-mêmes à lui restituer leur zèle, leur activité et leurs talens.

(3) Et pourquoi ne devraient-ils pas porter les décorations que leur nouveau Roi leur avait accordées, et que tous les Européens de tous les partis conservaient ?

(4) Quand donc n'ont-ils pas été *loyaux* ceux qui ont obéi fidèlement à Charles IV, à Ferdinand VII et à Joseph Ier., et qui prêtèrent serment de fidélité au second, aussitôt qu'il fut remonté sur le trône?

(5) Des *bons*, qui s'affligent de voir porter ces décorations à des hommes d'honneur, qui les ont acquises en remplissant leurs devoirs, *ne sont pas très-bons.*

ña : (2) que algunos de ellos están en Madrid, y qu
de estos hay quien usa en publico de aquellos dis
tintivos (3) que unicamente es dado usar á personas
leales (4) y de merito, se ha servido resolver, par.
evitar la justa pesadumbre que en esto reciben *los*
buenos, (5) y las funestas conseqüencias que se se-

---

res *del Monarca que sus legitimos Reyes mandaron*
obedecer? ¿ Puede llamarse tampoco gobierno intruso
el de Don José 1°., *sin degradar la memoria de los*
que lo introdugeron, sin atentar al respeto de los so-
beranos que, por amor de la patria y no por debili-
dad, le cedieron sus derechos, y sin incurrir en una
falsedad y una inconseqüencia? Luego la circular em-
pieza por tres suposiciones injustas, y fundando en
ellas todas las conseqüencias que deduce, participan
del mismo cáracter de falsedad y de injusticia.

(2) *Hacian lo que los dictaba su deber y su pa-*
triotismo. Volvian á España con el Rey que les habia
ofrecido la proteccion que merecian, y la patria es-
taba tan interesada en su regreso, como ellos en res-
tituirle su zelo, su actividad y sus talentos.

(3) *¿ Y por que no habian de usar unos distintivos*
que les habia garantido el Soberano que volvia al
trono, y que todos los Europeos de todos los partidos
conserban en todas partes?

(4) *¿ Quando no lo han sido los que obedecieron*
fielmente á Carlos 4.°, *Fernando* 7.° *y Jose* 1.°, *y*
prestaron el juramento de fidelidad al segundo asi que
recuperó el trono?

(5) Buenos *que se apesadumbran de que hombres de*
honor *usen distintivos que adquirieron, llenando sus*
obligaciones, no son mui buenos.

7*

pourraient résulter de permettre indistinctement à ceux qui se trouvent en France et qui ont suivi les drapeaux de l'intrus qui s'intitulait Roi (6), de retourner à leurs emplois, a daigné ordonner ce qui suit.

Art. I.er Les capitaines généraux, commandans, gouverneurs et justices des villes de la frontière, ne permettront l'entrée en Espagne, sous aucun prétexte, 1.º à ceux qui ont servi le gouvernement intrus en qualité de Conseillers ou de Ministres ; 2.º à ceux qui, ayant été employés précédemment par Sa Majesté comme ambassadeurs ou ministres , secrétaires d'ambassade ou de ministère ou consuls , auraient reçu depuis des pouvoirs, nominations ou confirmation dudit gouvernement , ou auraient continué aucunes de ces fonctions en son nom ; 3.º aux généraux et aux officiers, depuis le capitaine inclusivement jusqu'aux plus hauts grades , qui se seraient enrôlés sous les drapeaux dudit gouvernement ou de quelques-uns des corps de troupes destinés à agir contre la nation, ou qui ont

____

(6) Comment pouvait-il se nommer? Cette introduction, ou considérant , non seulement est remplie d'erreurs, comme on l'a prouvé, mais aussi elle a une pesanteur soporifique.

guirian de permitir entrar indistintamente á los que se
hallan en Francia, y salieron en pos de las banderas del *intruso*, que se titulaba Rey, (6) los articulos siguientes.

Art. 1.° Que los capitanes generales, comandantes,
gobernadores, y justicias de los pueblos de la frontera no permitan entrar en España, con ningun pretexto : 1.° el que haya servido al gobierno *intruso*
de consejero ó ministro : 2.° el que estando antes
empleado por S. M. de embajador ó ministro, de
secretario de embajada ó ministerio, ó de consul,
haya admitido despues poder, nombramiento, ó
confirmacion de aquel Gobierno, ó continuado en
qualquiera de estos encargos en su nombre : 3.° el
general y oficial, desde capitan inclusive, arriba,
que se haya incorporado en las banderas del
expresado gobierno, ó de alguno de los cuerpos
de tropas destinadas á obrar contra la nacion, ó

---

(6) *¿ Pues como se habia de titular ? Esta intro-
duccion, ó considerando, no solo está lleno, como se
ha visto, de errores, sino de una pesadez soporífica.*

suivi ce parti ; 4.° à ceux qui ont été em-
ployés par l'intrus dans quelqu'une des bran-
ches de police , de préfecture, sous-préfec-
ture ou junte criminelle ; 5.° aux personnes
titrées et à tous les prélats ou individus
décorés de quelque dignité ecclésiastique qui
leur aurait été conférée par ledit gouver-
nement , ou qui l'ayant été par le gouverne-
ment légitime , auraient suivi le parti de
l'intrus, et se seraient expatriés à sa suite;
et si quelqu'une ou quelques-unes de telles (7)
personnes étaient rentrées dans le royaume ,
ils les en feront sortir , mais sans leur cau-
ser d'autres vexations que celle qui sera
nécessaire pour l'exécution de la présente
mesure (8).

Art. II. Quant aux autres qui ne sont pas
compris dans les classes ci-dessus , il leur
sera permis d'entrer dans le royaume, mais non

-----

(7) Il commence déjà à désigner avec le mot de *telles*
les personnes qui ont suivi la cause de Joseph, et en faisant usage à chaque moment d'un mot qu'on croit les
déprimer, le rédacteur se dégrade lui-même, puisqu'il
le place toujours très-mal.

(8) Cet article découvre tout le secret du véritable
objet de la circulaire. La proscription devait atteindre
toutes les personnes les plus utiles et choisies dans le
parti du Roi soi-disant *intrus*, afin que ceux qui se sont
emparés des emplois du gouvernement pussent dormir
sans inquiétude, et ne souffrissent aucun ombrage.

seguido aquel partido 4.º el que haya estado empleado por el intruso en alguno do los ramos de policia, en
prefectura, subprefectura ó junta criminal : 5.º las
personas de titulo , y qualquier prelado ó persona
condecorada con alguna dignidad eclesiastica , que
le háya conferido el expresado gobierno, ó estan-
dolo yá por el legitimo haya seguido el partido del
intruso y expatriadose en seguimiento do él : y si
alguna ó algunas de *tales* personas (7) hubieren entrado en el reyno, las hagan salir do él; pero sin cau-
sarles otra vejacion que la necesaria para que esta
providencia quede ejecutada (8).

Art. 2.º Que á los demas que no fueren de estas
clases, se les permita entrar en el reyno; pero no *el*

----

(7) *Yá empieza á designar con la frase de* tales
*á los que han seguido la causa de José. Por hacer
uso á cada instante de una voz que se cree despre-
ciativa se hace despreciable su redactor, pues la coloca
siempre mui mal.*

(8) *Este articulo descubre todo el secreto del fin verdadero de la circular. La proscripcion debe alcanzar
á todas las personas mas utiles y escogidas del partido del Rey intruso, para que los que se han apoderado de los empleos del gobierno, puedan dormir á
pierna suelta , y no tengan ni una sombra tan solo
de inquietud.*

de venir (9) à la capitale, ni s'établir dans des villes qui en soient éloignées de moins de vingt lieues ; et là ou dans toute autre ville (10) où ils fixeront leur résidence, ils se présenteront au commandant, gouverneur, alcalde ou justice, lesquels en donneront avis au gouverneur civil de la province ; et celui-ci au ministère de grâce et justice; pourquoi faire (11) connaitre leurs personnes, les tels (12) demeureront sous la surveillance des susdits chefs, ou, à leur défaut, sous celle de la justice de l'endroit qui veillera sur leur conduite politique, et en sera responsable (13).

Art. III. Aucun de ces individus ne pourra être proposé pour remplir des emplois ou commissions du gouvernement dans l'administration publique, ni dans celle de la jus-

---

(9) Ici il y a une faute grammaticale.

(10) *Villa*, si près de *ville*, prouve le peu de soin qu'on a mis à écrire cette circulaire.

(11) Ici il y a une autre faute grammaticale.

(12) On répète les *tels* à satiété, par la manie de les désigner ainsi, quoiqu'il valût mieux dire, les *dits* individus.

(13) Si les justices doivent être responsables, elles ne voudront pas supporter ce pesant fardeau, et, pour s'en débarrasser, elles les enverront dans les prisons, comme cela est arrivé.

venir (9) á la corte, ni establecerse en *pueblo* que estubiere á menos de 20 leguas de distancia de ella, y alli, y en qualquier *pueblo* (10) á donde mudare su residencia, se presentarán al comandante, gobernador, alcalde ó justicia, quien dará aviso al gobernador politico de la provincia, y este al Ministerio de gracia y justicia, por que (11) haya noticia de su persona; quedando *tales* sugetos (12) bajo de la inspeccion de los expresados gefes ó en su defecto de las justicias del pueblo, que celarán su conducta politica, y serán de ello responsables (13).

Art. 3.º A ninguno de estos se les propondrá para empleos ni comision de gobierno de publica administracion ni de justicia: ni los oficiales de inferior gra-

-----

(9) *Sobra* el , *y con* venir *habia bastante.*

(10) Pueblo *tan cerca de otro* pueblo *acredita lo pobremente* poblada *de sinonimos que está la cabeza del que* pobló *esta circular.*

(11) *Este* por qué, ¿ *no hubiera siclo mejor* para qué ?

(12) *Es singular el prurito de poner* tales. ; *Quanto mejor no estaria* dichos *sugetos!*

(13) *Si han de ser responsables de su conducta las justicias no querrán tener sobre si esta carga pesada, y los meterán en las carceles para estar descansados, como ha sucedido.*

lice, ni les officiers des grades supérieurs à celui de capitaine, ni les cadets ne pourront rester dans leurs emplois, ni porter l'uniforme; néanmoins ceux-ci et tous les autres auxquels l'entrée du royaume est permise aux conditions ci-dessus, ne donnant pas lieu par leur conduite à ce qu'on agisse contre eux, nul ne pourra les molester dans l'usage de leur liberté, et ils jouiront de la sûreté personnelle et réelle, comme tous les autres (14).

Art. IV. Ceux des classes ci-dessus qui se trouvent dans la capitale, et qui ne se sont pas expatriés, recevront l'ordre par les alcaldes de Casa y Corte, et par les autres juges de la capitale, de sortir immédiatement de Madrid, pour aller habiter des endroits à la distance précitée, c'est-à-dire s'il est constant (15) qu'ils appartiennent aux classes susdites.

---

(14) Ne parlons pas de l'injustice de priver de leurs droits civils des hommes honnêtes, et de prohiber jusqu'à l'usage des uniformes à des militaires couverts de glorieuses blessures, parce que ce fait est si singulier, qu'on ne pourrait le croire, si malheureusement il n'était pas si vrai.

(15) Il y a ici, dans la phrase, une tournure très-ridicule en espagnol, et l'article est aussi aimable que les autres.

do al de capitan ni los cadetes continuarán en sus empleos y uso del uniforme , ni de otro modo en la milicia; pero no dando estos,ni los demas á quienes se permite entrar en el reyno con las condiciones dichas lugar con su conducta á que contra ellos se proceda , no se les molestará en el uso de su libertad , y gozarán de seguridad personal y real como todos los demas (14).

Art.º 4.º A los de las expresadas clases que se hallen en la corte , y no se hubiesen expatriado , se les hará entender por los alcaldes de casa y corte y demas jueces de ella, que inmediatamente salgan de Madrid á residir en pueblo que esté á la expresada distancia, á saber constando (15) que estan comprendidos en dichas clases.

____

(14) *No hablemos de la injusticia de pribar de sus derechos civiles á unos hombres de bien , y de la de prohibir hasta el uso de sus uniformes á hombres cubiertos de gloriosas heridas ,.por que es tan horroroso este articulo , que no creeriamos su existencia, si por desgracia no fuese tan cierta.*

(15) *Este á saber constando suena á elegante* hablasteismente. *Por lo demas el articulo es tan amable como los otros.*

Art. V. Ceux qui auraient obtenu anté-
rieurement du Roi des croix ou d'autres
distinctions politiques, ne pourront les por-
ter (16), et encore moins ceux qui auraient
reçu de semblables distinctions du gouver-
nement intrus, et qui se disposent à reprendre
celles qu'ils portaient précédemment. Ces
distinctions sont des récompenses de loyauté
et de patriotisme, et les tels *(17)* dont il est
question n'ont pas rempli leurs obligations.

Art. VI. Les femmes mariées qui se sont
expatriées avec leurs maris, suivront le sort
de ces derniers; les autres et les personnes
âgées de moins de vingt ans, qui se seraient
expatriées à la suite dudit gouvernement, le
Roi usant à leur égard de clémence, leur
permet de rentrer dans leurs foyers et dans
le sein de leurs familles; mais elles demeu-
reront sujettes à la surveillance de l'endroit
où elles s'établiront (18).

---

(16) Quelle injustice ! les priver tous, sans exception,
des ordres qui leur avaient coûté des sommes considérables, pour donner des preuves de noblesse, ainsi que
pour faire d'autres dépenses, avant d'obtenir de les porter.

(17) Quelle manie de répéter les *tels !* Il semble qu'il
n'y ait pas d'autre terme plus convenable dans la gram-
maire et le dictionnaire très-limités du *tel* personnage; et
dans l'espagnol, il y a encore un verbe répété trois fois
dans trois lignes.

(18) Par cet article on récompense les femmes qui
abandonnèrent le lit conjugal, et on punit celles qui

Art. 5.º Los que antes hubieren obtenido del Rey cruz ú otro distintivo politico no podrán *usarle* (16) y mucho menos se permitirá que le *usen* los que hayan recibido del gobierno *intruso* semejante distincion, y traten de volver á *usar* del que les condecoraba antes. Son estos distintivos premio de lealtad y patriotismo, y los *tales* (17) no correspondieron á sus obligaciones.

Art.º 6.º Las mugeres casadas que se expatriaron con sus maridos, seguirán la suerte de estos: á las demas , y á las personas menores de 20 años, que siguiendo al expresado gobierno, se hubieren expatriado, usando el Rey de benignidad les permite que vuelvan á sus casas y al seno de sus familias; pero sujetas á la inspecion del gobierno politico del pueblo donde se establezcan (18).

---

(16) *¡ Que injusticia! privar á todos indistintamente de unas condecoraciones que les costaron sumas quantiosas en las pruebas y otros gastos que hicieron para ponerselas.*

(17) *¡ Hay tal mania de poner tales! Parece que no hay otro termino mas adequado para todo en la gramatica y calepino limitadisimos del tal Señor : ni otro vervo que él de usar, usado tres veces en tres lineas.*

(18) *¿ Con que por este articulo se premia á las mu-*

Art. VII. Quant aux sergens, caporaux, soldats et gens de mer, qui se sont enrôlés sous les drapeaux de l'intrus, ou qui ont pris parti dans quelques-uns des corps destinés à faire la guerre à la Nation (19), *S. M. considérant que de telles personnes* (20) *se sont rendues coupables de ce délit plutôt par séduction que par perversité, et peut-être par force, et usant aujourd'hui, jour de sa fête* (21) *glorieuse et en mémoire de son heureux retour au trône de ses ancêtres, de sa clémence naturelle* (22), *a résolu*

----

furent fidèles à leurs devoirs. Sur quel principe de justice le rédacteur de la circulaire a-t-il pu fonder une mesure semblable?

(19) Il veut parler sans doute de ceux qui firent *la guerre à la Nation*, en s'opposant aux ordres répétés des Rois Charles IV, et sur-tout de Ferdinand VII, et en précipitant la patrie dans sa ruine par leur téméraire opposition ; c'est-à-dire qu'il veut parler de tous ceux qui désertèrent la cause du Roi Joseph, ou y opposèrent de la résistance. S'il ne parle pas de ceux-là, l'article est inintelligible.

(20) Il y avait long-temps que les *tels* ne se montraient pas !

(21) Le choix du jour de Saint-Ferdinand pour proscrire douze mille familles, ne ressemble à rien de tout ce qui a été fait dans le monde.

(22) Et donner encore le nom de *clémence* à une opération qui arrache les larmes, et réduit à la misère tant de milliers de personnes, est aussi une nouvelle manière de caractériser une action semblable.

Art.º 7.º A los sargentos, cabos y soldados y gente de mar, que se hayan alistado en las banderas del *intruso*, ó tomado partido en alguno de los cuerpos destinados á hacer la guerra *contra la nacion* (19) considerando S. M. que *tales* personas (20) mas por seduccion, que por perversidad de animo, y acaso algunos por la fuerza incurrieron en aquel delito, usando hoy en *su glorioso dia* (21) y en memoria de su *feliz* restitucion al trono de sus mayores de *su natural piedad*, (22) ha venido en hacerles gracia

----

geres que abandonaron el talamo conyugal, y se castiga á las que fueron fieles á sus deberes? ¿ En que principio de justicia fundó semejante medida el redactor de la circular ?

(19) *Querrá hablar de los que hicieron la guerra á la Nacion resistiendo las ordenes repetidas de los Señores Carlos 4.º y sobre todo de Fernando 7.º, y causando su ruina con una temeraria oposicion: es decir querrá hablar de todos los que desertaron la causa de José ó la resistieron. Si no habla de estos, no puede entenderse el articulo.*

(20) *Hacia mucho tiempo que no salia el tales!*

(21) *La eleccion del dia de San Fernando para proscribir 12 mil familias no se parece á nada de quanto se ha hecho en el mundo.*

(22) *Y graduar de piedad una operacion que arranca las lagrimas y reduce á la miseria á tantos millares de personas es tambien un modo nuevo de caracterizar una accion de tal naturaleza.*

de leur faire grâce de la peine qu'ils ont méritée, et de leur accorder leur pardon, si, dans le terme d'un mois pour ceux qui sont en Espagne, et de quatre pour ceux qui sont dehors, et s'ils ne sont pas coupables d'aucuns des délits exceptés des pardons généraux, ils se présentent, pour jouir de cette grâce, devant Sa personne Royale, ou devant quelque capitaine général ou commandant de province, gouverneur ou justice du royaume; à cet effet, il leur sera donné le document convenable pour justifier leur présentation dans le susdit délai, passé lequel il sera procédé contre les tels (23), conformément aux ordon-

----

(23) C'est-à-dire qu'on devra procéder contre le Roi, contre les capitaines et commandans généraux, les gouverneurs, les justices, et même contre les *documens*, parce que ce malheureux *tels* se rapporte de préférence à tous ceux-ci, mieux qu'aux *tels* délinquans qui sont bien au-dessus, et qu'on ne peut ni voir, ni retenir dans la mémoire. Cette circulaire étant si courte, on y a amoncelé trop de défauts, et avec moins, il y avait assez pour prouver la proposition établie dans le texte de la Représentation; c'est-à-dire qu'elle ne ressemble pas à l'ouvrage d'un Ministre, mais à celui d'un *Laboureur stupide*; et non seulement elle a ces défauts formels et matériels, mais il en existe un autre d'un plus grand caractère. Elle est rédigée en contradiction totale avec les principes que Don Pierre Macanaz lui-même publia à Paris sur la nécessité d'oublier tout, de s'accorder, et sur les raisons que nous avions eues pour suivre le parti

nances,

de la pena que merecieron por él, y en concederles su indulto, si dentro de un mes, los que estubieren en España, y de quatro los que se hallen fuera, y no siendo reos de otro delito de los exceptuados en indultos generales, se presentaren para gozar de esta gracia á su real persona, ó ante algun capitan general ó comandante de provincia, gobernador ó justicia del reyno. Para lo qual se les dará el conveniente documento, que acredite su presentacion en aquel termino, pasado el qual se procederá contra los *tales*, (23) con arreglo á ordenanza, si fuesen aprendidos en teritorio Español.

____

(23) *Es decir se procederá contra el Rey, contra los capitanes ó comandantes generales, los gobernadores, las justicias y hasta contra los documentos, por que aquel malaventurado tales á todos estos se refiere, mas bien que á los tales delinqüentes que estan mui arriba, y donde ni los alcanza casi la vista, ni los retiene la memoria. Siendo esta circular tan corta han amontonado en ella demasiados defectos, y con muchos menos habia bastante para probar la proposicion sentada en el texto de mi recurso, es decir que no parece obra de un Ministro, sino de algun labrador rustico. Pero no solo tiene estos defectos formales y materiales, sino que aun hay otra nulidad de la mayor quantia, pues está hecha la circular en contradiccion absoluta de los principios que el mismo Don Pedro Macanaz publicó en Paris, sobre la necesidad del olvido de todo, de la concordia, y aun de la razon que habiamos tenido en seguir la causa del Rey José, que no solo le oi yo mismo profesar*

nances, s'ils sont arrêtés sur le territoire espagnol.

Ce que je vous communique par l'ordre du Roi pour votre information et son exécution. Dieu vous garde plusieurs années.

PEDRO MACANAZ.

Madrid, 30 mai 1814.

---

du Roi Joseph. Moi-même je lui ai entendu prononcer cette opinion, ainsi que beaucoup d'autres personnes qui le voyaient fréquemment, puisqu'elles dînaient avec lui. Enfin si cette affaire n'était pas si sérieuse, à cause du mal qu'elle a fait à tant de familles, on se trouverait dans le cas de dire, à chaque moment et pour toute observation : *Risum teneatis, amici.*

Le duc de Saint-Charles pensait de la même manière que Macanaz sur la nécessité de tout oublier, et de réunir les Espagnols ; et non seulement il parla dans ce même sens à différentes personnes à Paris, ainsi qu'à M. Amorós, mais encore il s'offrit de porter lui-même deux lettres à l'épouse de ce dernier, qu'il ne remit point à son arrivée à Madrid. Dans ce cas, il manqua au devoir d'un chevalier.

Les opinions de Don Juan d'Escoiquiz étaient les mêmes à l'égard de l'oubli général, et on a vu quelques-unes de ses lettres dans lesquelles il s'expliquait de la même manière. Quel peut être le motif d'un changement si total et si prompt? C'est qu'il y a fort peu d'hommes qui le soient véritablement.

Lo comunico á V. de real orden para su inteligencia y complimiento. Dios guarde á V. muchos años.

PEDRO MACANAZ.

Madrid, 30 de mayo de 1814.

---

esta opinion, sino otros infinitos de nuestro partido que le trataron mas, pues comieron con él. Enfin si este asunto no fuese tan serio, por el mal que ha hecho á tantas familias, era el caso de decir á cada momento, y por unica observacion: Risum teneatis, amici.

El duque de San Carlos opinaba del mismo modo que Macanaz, en punto á la necesidad de olvidarlo todo, y reunir los Españoles, y no solo habló en este sentido á muchas personas en Paris, y al mismo Don Francisco Amoros, si no que se ofreció á llevarle dos cartas á su muger. Por cierto que no se las ha entregado, y como no quita lo cortes á lo valiente, no ha procedido en esto como caballero.

Las opiniones de Don Juan de Escoiquiz eran tambien iguales, en punto al olvido general, y se han visto cartas suyas que las explicaban así ¿ En que puede consistir, pues, tan repentina como absoluta variacion? En que hay mui pocos hombres que lo sean verdaderamente.

8*

N.º XIV.

PROCLAMATION DE PALAFOX.

N°. 210.   page 875.

Journal de Sarragosse, du lundi 1er. août 1814.

Saint-Pierre *ad Vincula.*

Septième année du règne de notre auguste Souverain Don Ferdinand VII°. et première de sa délivrance(1).

Don Juan Creagh et Lacy, maréchal de camp des armées royales, commandant par intérim du royaume d'Arragon, fait savoir que Don Joseph Palafox et Melci, capitaine général des armées royales et du royaume d'Arragon, m'a adressé et m'a

---

(1) Je dois avertir, avant de placer des notes à cette proclamation, qu'ayant à examiner une rédaction ridicule et indécente sous tous les rapports, il est impossible de le faire avec le ton sérieux que quelques hommes sévères veulent mettre par-tout. Je prie donc ceux-ci de ne pas les lire, si parce qu'elles prêtent à l'ironie, elles leur déplaisent, car l'auteur ne voudrait pas perdre leur estime. Il ne trouve cependant pas un si grand inconvénient à rire quand on ne peut pas faire autrement, et nous avons eu trop de motifs de verser des larmes, pour qu'on ne nous permette pas de respirer un moment.

N.º 14.

PROCLAMA DE PALAFOX.

N°. 210.   pag. 875.
Diario de Zaragoza, del lunes 1º. de agosto
de 18·4.

San Pedro ad Vincula.

*Año 7.º del reynado de nuestro augusto Soberano
el Señor Don Fernando VII, y primero de su
rescate (1).*

Don Juan Creagh y Lacy, Mariscal de Campo de los
reales exercitos, comandante general interino del
reyno de Aragon, y encargado del gobierno politico
superior del mismo etc. hago saber : que por el excelentisimo Señor Don José Palafox y Melci, capitan
general de los reales exercitos, y del exercito y reyno
de Aragon, encargado por S. M. del gobierno supe-

____

(1) *Debo advertir, antes de poner las notas á
esta proclama que, recayendo sobre una redaccion
ridicula é indecente por todos titulos, es imposible puedan hacerse con aquella seriedad que algunos
hombres severos exigirian. Les ruego pues que no las
lean, si por prestarse á la ironia han de disgustarles,
pues el autor desea conservar su buena opinion;
pero no halla tan grave inconveniente en reirse, quando no es posible dejarse de reir, y demasiados motivos nos han dado de llorar para que no nos sea licito
algun desahogo.*

chargé de faire publier la proclamation sui-
vante (2).

« *Nobles habitans de Sarragosse : rien n'est
aussi nécessaire pour la tranquillité publique
que l'union de vos sentimens* (3). *Je n'ignore pas
les motifs puissans qui excitent parmi vous un
mécontentement général* (4) *qu'on remarque
sur tous les visages* (5). *La philosophie qui au-*
rait le moins de préjugés (6) *pourrait diffici-*

---

(2) C'est la première fois qu'un capitaine général, qui ne se trouve pas dans l'étendue de son commandement, envoie des proclamations ; mais, dans ce cas, Palafox s'approprie les pouvoirs du Souverain ; et ce n'est pas son coup d'essai chez les Arragonais, car il s'est arrogé plus que les pouvoirs de Souverain, quand il se permit de les écraser.

(3) Palafox aurait pu commencer cette proclamation un peu mieux ; mais c'est égal, si l'on fait attention à ce qui suit ; tout y est d'accord.

(4) Ils ne doivent pas chercher très-loin d'eux ces puissans motifs de *mécontentement général.* Ils étaient riches et sont devenus misérables ; ils pleurent la perte de leurs parens et de leurs amis ; ils voient leurs maisons renversées, leurs champs sans culture ; et le tout est l'ouvrage de l'auteur de la proclamation.

(5) Si on ne remarque ce mécontentement que sur les visages, Palafox ne devait pas avoir tant de craintes ; il devrait y découvrir les motifs véritables qui le produisent, et rendre à chacun ce que lui, et la révolution lui ont fait perdre.

(6) ; Pauvre philosophie ! où va-t-elle se trouver engagée ! ¿ Comment pourra-t-elle se tirer de ce compromis, et sur-tout du saisissement que doit lui avoir causé une transition aussi brusque et aussi inattendue ? Et il est

rior político del mismo, se me han dirigido para su publicacion la proclama y oficio que sigue (2).

« Nobles Zaragozanos. — Nada es mas necesario á la tranquilidad publica que la total union de vuestros sentimientos (3): no se me ocultan los poderosos motivos que os impelen al descontento general (4) que se advierte en los semblantes de todos (5). *La filosofia mas despreocupada*(6) podria dificilmente

---

(2) *Es la primera vez que un capitan general, que no reside en el recinto de su mando, envia proclamas á él; pero en esto se arroga las facultades de soberano, y no es la primera vez que las ha desplegado entre los Aragoneses, pues se dió mucho mas que los ayres de tal, quando tubieron el honor de que los arruinase.*

(3) *Pudo haber empezado mejor; pero de qualquier modo está bien para lo que ha de seguir, y es menester no desdecirse, y que todo esté acorde.*

(4) *No tienen que irse á buscar mui lejos, estos poderosos motivos de* descontento general, *quando los tienen tan cerca. Eran ricos, y son miserables; lloran la perdida de sus parientes y amigos; ven sus casas por el suelo, y todo se lo deben al autor de la proclama.*

(5) *Pues si no se advierte mas que en los semblantes, no debia el capitan general tener tanto miedo, y solo si leer en ellos el motivo verdadero de su descontento y volver á cada uno lo que ha perdido por él y por la revolucion.*

(6); *Pobre filosofia y donde la meten! ¿Como saldrá del aprieto en que la ponen, y sobre todo del susto que debe haberle causado una transicion tan*

lement vous persuader ce qui est en raison inverse avec les sentimens de vos cœurs (7). *Les plaies profondes que vous ont faites les* destructeurs de l'ordre social et de la félicité du peuple espagnol (8) . *ne sont pas encore cicatrisées* (9) , *et il est naturel de redouter la main que vous vous figurez devoir les ouvrir de nouveau* (10); *mais éloignez ces*

---

question de la *philosophie qui aurait le moins de préjugés*, parce qu'il doit y en avoir de différentes castes et couleurs.... Il est bon de vivre pour voir de pareils phénomènes.

(7) Ce style est d'un mathématicien, et il a encore d'autres défauts dans la rédaction espagnole. A propos de quoi dit-on que l'objet principal a été d'amonceler des phrases très-bruyantes dans cette étrange proclamation, que les Arragonais doivent recevoir, puisque son capitaine général a pris la peine de la leur envoyer, et qu'ils ne doivent se permettre aucune observation et encore moins aucune critique. .

(8) Eh quels sont ces destructeurs? M. Palafox ne croit pas les avoir si près de lui; mais je l'assure qu'il ne les trouvera nulle part, quoiqu'il emploie pour les chercher la lanterne de Diogène, à moins qu'il ne les voie dans lui-même et dans ses imitateurs.

(9) Mais ce n'est pas le plus grand mal ; il vient de ce qu'elles sont *incicatrisables* , parce que M. Palafox n'a pas, au nombre de ses précieuses qualités, celle de rendre la vie aux morts, et de faire quelque chose de rien.

(10) Sûrement ils ont des motifs de redouter cette terrible main, et les Arragonais ne pourront jamais oublier que celle de leur capitaine général est bien lourde et bien sanguinaire, puisqu'elle leur a fait périr soixante-dix mille victimes.

persuadiros *en razon opuesta* à lo que siente vuestro corazon. (7) Las llagas profundas que os han abierto los *destructores del orden social y de la felicidad de los pueblos Españoles* (8) no estan aun del todo cicatrizadas (9), y así es mui natural sentir la mano que se os figura va á abrirlas de nuevo (10) pero desechad esos temores. Constituido yo por la confianza

---

brusca e inesperada? Y se trata de la filosofia *mas despreocupada, como quien digese de la quinta esencia de la filosofia, por que debe haberlas de muchas castas y colores. Bueno es vivir para ver.*

(7) Estilo matematico. Brabo. Pero aquel opuesta á *hubiera sonado menos cacofonicamente diciendo* opuesta de. *Mas ¿ quien se pura en barras? Vamos echando frasotas que metan mucho ruido, y caigan como caigan. De qualquier modo que vayá la Proclama, tienen los Aragoneses que tragarla, pues se la envia su capitan general desde bien lejos, y no era regular que despues de tomarse esta molestia se le pagase con el desayre de no hacerle caso, y con la irreverente libertad de criticarsela.*

(8) ¿ Y quienes son? No cree el Señor de Palafox tampoco tenerlos tan cerca. Pues yo le aseguro que no los hallard, aunque tome la linterna de Diogenes, sino los busca en si mismo, y en todos sus imitadores.

(9) Y lo peor que tiene el caso, es que son incicatrizables, por que el Señor de Palafox no tiene entre sus preciosas propriedades la de resucitar muertos, y hacer algo de la nada.

(10) ! Y tanto como deben sentirlo! .... Demasiado saben los tristes Aragoneses que la mano de su capitan general es tan pesada como sanguinaria, y setenta mil victimas sacrificadas por ella lo prueban de un modo incontextable.

craintes. Chargé en vertu de la confiance de S. M. du commandement de tout l'Arragon (11), je dois dissiper vos inquiétudes, vous conseiller, vous rassurer (12).

» D'après les avis que j'ai reçus du commandant général Don Juan Creagh et Lacy, qui me remplace par intérim dans ce royaume, je sais que divers Français, qui étaient domiciliés parmi vous, sont revenus imprudemment (13), et peut-être avec eux quelques-uns de ces hommes qui se sont mal conduits pendant la domination illégitime du Roi intrus, et que ceux-ci, non contens de se promener librement dans les rues et dans les places publiques, portent des armes, et manquent aux égards dus, à si juste titre, à vos malheurs (14).

---

(11) ¡ Quelle modestie et quelle modération ! Mais il a écrit en Espagnol la phrase d'une manière qu'il manque même au sens qu'il veut faire entendre.

(12) Pour ce qui a rapport aux conseils, peut-être voudra-t-il encore leur donner celui de se tuer les uns les autres, pour compléter l'ouvrage de leur destruction; et il n'est pas loin de le leur indiquer, quand il flatte la férocité populaire, et prête un appui à l'insubordination.

(13) Voilà une faute impardonnable !

(14) Pour ne pas mettre une note à chaque mot de cette période, je les ai réjétées toutes à la fin. Premièrement, ce *peut-être* suppose qu'il n'est pas très-sûr que ces hommes, qui se sont mal conduits, soient entrés

que me ha dispensado el Rey, encargandome el mando de todo el Aragon, (11) debo disipar vuestros recelos, aconsejaros y tranquilizaros (12).

Por los repetidos partes que recibo del comandante general el mariscal de campo Don Juan Creagh y Lacy, que está interinamente ejerciendo mi cargo en ese reyno, sé que se han presentado sin discrecion alguna varios Franceses que antes vivieron domiciliados entre vosotros (13) ó *tal vez con ellos, aquellos* que se condugeron mal durante la dominacion *ilegitima* del Rey *intruso,* y que estos no contentos con pasearse libremente por calles y plazas, usan armas y proceden contra el respeto, que tan justamente merecen vuestros agravios y pasadas desgracias (14).

---

(11) *¡ Que modestia y que humildad! Pero dice constituido y se le ha olvidado decir en qué.*

(12) *En quanto á los* consejos, *puede ser que todabia tenga que darles el de que se maten unos á otros, para completar la obra de su destruccion, y no anda mui lejos de* aconsejarlo *el que adula á la ferocidad popular, y apoya la insubordinacion.*

(13) *¡ Tremendo pecado!*

(14) *Por no poner una nota á cada frase de este perindo singular se me han amontonado una multitud de cosas que decir sobre él. Tal vez no habrá otro mas fecundo en despropositos con menos palabras. Empecemos : aquel* tal vez dice que no está *mui seguro de que hayan entrado* con ellos aquellos *(¡ que sonsonete tan precioso !) que se condugeron mal , y sin embargo de*

» *Je suis bien sûr que S. M., loin d'approuver ce désordre, s'afflige de voir une semblable insolence (15). Tous les décrets du Roi, et particulièrement celui du 50 mai (16), font connaître combien S. M. condamne la conduite de ceux qui ont été mauvais Espagnols (17). Ce serait la plus grande erreur de penser qu'un Roi, aussi juste que*

---

avec les autres (les Français), et, quoique cette supposition soit problématique, on dit cependant avec assurance qu'on les voit se promener dans les rues, portant des armes, et manquant aux égards dus au malheur des Espagnols. Leurs armes ne peuvent être autre chose que des épées de cérémonie, avec lesquelles on fait des visites, et l'on entre à l'église; au lieu d'un manque de respect, c'est une preuve de considération. Ne parlons point des termes de *domination illégitime*, et de *Roi intrus*, parce qu'il semble qu'ils ne puissent pas vivre sans en faire un usage abondant, et parce qu'aucune production ne pourrait être bonne, si on n'employait une grande dose d'*illégitimes*, d'*intrus*, de *traîtres*, de *déloyaux*, *bons*, *méchans*, et d'autres épithètes semblables.

(15) Sa Majesté ne *voit* pas cette *insolence*; et je déclare que je tremble, toutes les fois qu'on nomme Sa Majesté, parce qu'on ne cite jamais son nom respectable que pour le dégrader.

(16) Toujours la même manie, d'appeler *décret* un ordre simple d'un ministre. On ne peut pas concevoir le motif d'un tel entêtement, ni comment ils peuvent ignorer jusqu'aux élémens de l'art de gouverner !.. Mais ils n'en savent pas davantage.

(17) Il y avait bien long-temps qu'on n'avait employé un des termes favoris; et on peut s'attendre à en voir encore paraître un autre sous peu de lignes.

Estoy bien cierto de que S. M., lejos de aprobar este desorden, se aflige *al ver* semejante insolencia (15). Los decretos del Rey todos, y particularmente el de 3o de mayo (16) dicen claramente con quanta reflexion reprueba la conducta de los que fueron malos Españoles: (17) seria la mayor temeridad *el pensar* que en un Rey tan justo, como el Señor Don

---

ser dudosa y problemetica su entrada, los vemos pasear libremente por calles y plazas, usar armas, es decir espadines, para ir á visita ó á misa, y proceder contra el respeto que tan justamente merecen. El usar espadin es una prueba de respeto mas bien que de irreverencia, pues es un mueble de ceremonia. No hablemos de las palabrotas de dominacion ilegitima y del Rey intruso, por que parece que no pueden vivir sin ellas los que están autorizados para charlar al publico, y que no podria ser bueno ningun papel si no contubiese una caterva de ilegitimos, intrusos, traydores, desleales, buenos, malos, y otros epitetos semejantes.

(15) *S. M. no la vé, y confieso que me tiemblan las carnes cada vez que toman en boca ó en pluma su respetable nombre, pues no lo hacen sino para degradarle.*

(16) *Dale que dale en llamar decreto una simple orden de un simple ministro. ¡ Hay tal empeño! ¡ Hay tal ignorar hasta los elementos del arte del gobierno! ¡ Hasta lo que llamamos palillos en idioma ministerial! Pero no saben mas, y el olmo no puede dar peras.*

(17) *Hacia mucho tiempo que no se empleaba una de las frases favoritas. Salió el malos à lucirlo: apuesto algo á que no pasan muchas lineas sin hallar otra del mismo jaez.*

Don Ferdinand, pût avoir la volonté et même la pensée (18) de les assimiler dans son estime aux bons Espagnols (19). Mais il n'est pas aussi facile qu'il le paraît (attendu la multiplicité d'affaires importantes dont Sa Majesté est surchargée) de pénétrer sur-le-champ le secret des consciences (20).

» Les actions des méchans (21), il est vrai, ont été publiques pendant les six ans de cette guerre instructive et désolatrice (22) ; tout est imprimé, tout a été dit par-tout, mais tout n'est pas prouvé (23). L'abus scandaleux qui a été

____

(18) La *pensée* si près de *penser*, le choix du verbe en espagnol, un article qui se trouve de trop, tout annonce la singulière incorrection de cette période.

(19) Voilà le terme de *bons* reproduit, quoiqu'on vienne de nous étourdir précédemment du terme de *mauvais*.

(20) Il cite une autre fois Sa Majesté ; et toujours mal à propos. Elle ne peut pas vouloir pénétrer le secret des consciences, parce qu'elle connaît que cela est impossible. Le Roi n'est pas, ni ne doit être inquisiteur, et celui qui lui attribue un dessein semblable fait un outrage personnel à ses sentimens, et une offense qui dégrade la dignité souveraine.

(21) Il ne pouvait être tranquille, s'il ne répétait, à satiété, le terme de *méchans*.

(22) S'il veut dire *destructive*, il y a un pléonasme ; mais, dans l'imprimé, on lit *instructive*, et alors c'est une sottise.

(23) Quatre *tous*, et trois *est* en deux lignes présentent beaucoup de grâces ; et, à la fin, on ne sait ni ce qui est imprimé, ni ce qui a été dit, ni ce qui n'est pas prouvé. Voilà un style d'oracle, afin qu'il y ait un peu de tout.

Fernando VII, pudiera caber la voluntad, ni aun el *pensamiento* (18) de igualarlos en su aprecio con los *buenos* (19); pero no es tan fácil como parece, (atendido el cúmulo de negocios importantísimos que rodean á S. M.) el penetrar de un golpe hasta el misterioso secreto de las conciencias (20).

Las acciones de los *malos* (21), es verdad, han sido públicas durante los seis años de esta guerra, tan *instructiva como desoladora* (22): *todo está impreso, todo está en la boca de todos*, pero no *todo está probado* (23): el abuso escandaloso que se hizo

---

(18) El pensar *tan cerca del* pensamiento, *la eleccion del vervo* caber, *y un articulo que hay de mas, todo es delicado en este periodo.*

(19) *Salieron los buenos á lucirlo quando apenas respirabamos de los malos de antes.*

(20) *Volvió á tomar en boca á S. M. y volvió á decir un desatino. S. M. no puede pretender penetrar el secreto de las conciencias; por que sabe que es imposible. S. M. no es, ni le toca ser Inquisidor, y el que le atribuye semejante deseo hace un agravio personal á sus sentimientos, y una ofensa horrible al decoro de la soberanía.*

(21) *No podia sosegar si no volvia á embocar malos.*

(22) *Si quiere decir destructiva, comete un pleonasmo, pues con desoladora habia bastante; y si dice instructiva, como está impreso, comete una necedad.*

(23) *Quatro todos, y tres está hacen una gracia admirable en dos renglones; y al fin de ellos ni se sabe que es lo que está impreso, ni lo que esta en la boca de todos* (sobra tambien el la), *ni lo que no esta probado. Este es estilo de oraculo, pues debe haber de todo un poco.*

fait de la liberté de la presse a confondu la vérité avec une infinité de personnalités (24) qui embarrassent la Justice (25). Les intentions de S. M. sont bien positives. Elle veut être bien instruite avant de prendre ses déterminations. L'état d'anarchie et de désordre, dans lequel elle a trouvé le royaume (26), le dérangement de la machine politique (27) exigent du temps, et tout ne

---

(24) Nous voilà d'accord une fois. Il est convenable de n'être pas toujours en contradiction.

(25) La justice est aussi déplacée ici que la philosophie l'était auparavant ; et, dans l'espagnol, il y a un terme qui se prête à l'équivoque d'une manière tout-à-fait plaisante.

(26) Grâces soient rendues à M. de Palafox et à d'autres *tels*, qui ont si bien gouverné le royaume.

(27) Quel joli terme ! Et, après cela, on se permettra encore de dire que M. de Palafox ne sait pas les choisir et les classer merveilleusement. Ceux qui le critiquent doivent se taire, puisqu'ils ne seront jamais capables d'avoir une idée plus heureuse. *La machine politique !* Mais elle n'a qu'un inconvénient, et il n'est pas petit. Cette phrase est d'origine française, et Dieu nous en délivre, parce que ni Français, ni *afrancesados*, ni livres français, ni idées françaises, ni même la sagesse et la bonté infinie, si elles se présentaient habillées à la française, n'auraient la permission de pénétrer en Espagne. Il faut en exclure jusqu'à la Bible traduite en français, d'après les vociférations et les hurlemens du révérend Rédacteur de la Védette de la Mancha, et on doit être en guerre perpétuelle, et avoir une aversion irréconciliable, pour ceux qui peuvent nous faire des visites de six années, et arriver jusqu'à Cadix, toutes les fois qu'ils en auront l'envie.

peut

de la imprenta ha confundido la realidad con un sin
numero de personalidades (24) que ahora *embara-*
zan la Justicia: (25) las intenciones de S. M. son bien
claras : quiere asegurarse bien antes de tomar sus
reales determinaciones ; el estado de anarquia y de
desorden en que halló la monarquia (26) , la espantosa dislocacion de la *maquina politica* (27) ext-

---

(24) *Estamos acordes : alguna vez lo habiamos de
estar , y no siempre como perros y gatos.*

(25) *La Justicia se ve aqui mas apurada todabia que
la Filosofia antes. Dios la saque con bien.*

(26) *Gracias á Vm. , Señor de Palafox , y á otros
tales que tan bien la han gobernado.*

(27) *¡ Que bonita frase ! Y luego dirán que el Señor
de Palafox no sabe escogerlas bien y encajonarlas
mejor ?.... Rabien de envidia sus criticastros , pues en
su vida podrán tener ocurrencia mas feliz. ¡ La machine politique ! ¡ O que deliciosa figura !.... Pero
no tiene mas que un inconveniente, y este no es flojo.
Huéle á frances que apesta , y Dios nos libre , por
que ni Franceses , ni afrancesados, ni libros franceses , ni ideas francesas, ni la misma sabiduria
y bondad infinita , si se nos presentase vestida á la
francesa, la dejariamos penetrar. Fuera, fuera , hasta
la Biblia en frances, segun los ahullidos del reverendo
Redactor de la Atalaya de la Mancha , y debemos estar
en guerra eterna , y en aversion irreconciliable con los
que pueden hacernos visitas de seis años y llegar un paso
tras de otro hasta los muros de Cadiz, siempre que se
les antoje.*

peut pas se faire en un jour. Les relations de l'Espagne avec la France dépendent de l'issue du congrès de Vienne ; on ne sait pas encore s'il y a rien de stipulé. Ainsi donc, considérant comme prématuré le retour des Français, qui ont eu assez peu de circonspection pour se présenter avant la conclusion des traités nécessaires aux deux nations, je mande au général ce qui suit (28).

« Je vous charge (29), en votre qualité de

---

(28) J'ai déjà dit que, quand Palafox se mêle d'expliquer la volonté du Roi, il le fait très-mal. Premièrement il a découvert un secret de la *machine politique*, que peut-être le Roi ne voulait pas qu'on dévoilât, et cela quand il dit que les relations de l'Espagne avec la France dépendent du congrès de Vienne. En second lieu il considère comme *prématuré* le retour des Français, qui ont eu assez peu de *circonspection* pour se présenter avant la conclusion des traités, quand ils croyaient que la paix était faite, et lorsque l'expérience devait apprendre aux Espagnols qu'il ne faut pas les irriter, en leur donnant des motifs de renouveler leurs visites. En troisième lieu il est faux que des conventions n'existassent pas, puisque le traité de Valencey est tout récent, et il n'était pas besoin d'un autre traité, si on voulait se conduire justement et en conformité de la *parole royale*, qui est la plus sacrée et la plus sûre de toutes les promesses qui peuvent se donner aux hommes...... Mais ne nous fatiguons point ; c'est la politique fallacieuse de ceux qui ont bouleversé la *machine politique*, et qui continueront à le faire jusqu'à l'extinction de leur funeste autorité et de leur influence auprès d'un Roi, qui méritait des conseillers moins perfides, et des Espagnols plus clairvoyans.

(29) Il commence la période par une expression inutile qu'on doit supprimer dans le texte espagnol.

gen tiempo y madurez, y no puede hacerse todo esto en un dia. Las relaciones de la España con Francia penden de la celebracion del congreso de Viena : aun no se sabe haya nada estipulado; asi pues juzgando prematura la vuelta de esos individuos *franceses*, que han tenido la *poca reflexion* de presentarse sin preceder los *convenios* necesarios de ambas naciones, digo con esta fecha al comandante general lo que sigue: (28).

» *Desde luego* encargo á V. S. (29) como coman-

***

(28) ¡ *Si lo dige yo! Metióse á explicar la voluntad del Rey y lo echó á perder. En primer lugar descubrió un secreto de la maquina política, que tal vez no querria S. M. que se supiese, qual es el de que hasta el congreso de Viena no se sabe haya nada estipulado. En segundo lugar trata de prematura la vuelta de esos individuos franceses que han tenido la poca reflexion de presentarse, confiados en que todo se habia concluido, y que enseñados por la experiencia no volverian á irritarlos y á darles motivo á que repitan sus visitas. En tercer lugar es falso que no hayan precedido convenios, pues está el de Valéncey flamante, y no se necesitaba otro, si se habia de proceder en justicia, y como corresponde á la palabra de Rey, que segun el proberbio es la mas sagrada y firme de las promesas que se pueden hacer á los hombres.... Pero no nos causemos, esta es la política falaz de lo que han dislocado la maquina política, y seguirán dislocandola hasta la consumacion de su funesta autoridad é influencia cerca de un Rey, que merecia consejeros menos perfidos, y Españoles mas avisados.*

(29) *Es un modo de comenzar singularisimo. Sobra el desde luego, y no se sabe que hace alli. ¡ Que elegancia tan incompreensible!*

commandant général de la province d'Arragon (30), me remplaçant pendant que des
affaires importantes *ne me permettent point
de m'y rendre* (31), de prendre les mesures
les plus convenables pour dissiper toutes les
craintes, soit en examinant les motifs qui
ont porté ces individus à se présenter sur
notre territoire, soit en différant de faire
droit à leur réclamation, soit, si la considération de l'intérêt public ne les détermine
point à se retirer, en les faisant reléguer à
la frontière où ils devront attendre de nouvelles dispositions du gouvernement, ou si
rien de tout cela ne suffit, en les faisant
renfermer dans le château de l'Aljaferia,
en prenant avec prudence des mesures pour
qu'ils n'en sortent sous aucun prétexte (32)

----

(30) **Dire** au même commandant général ce qu'il est,
c'est paraître craindre qu'il ne l'ait oublié.

(31) **Non** seulement Palafox croit nécessaire de dire au
commandant Creagh qu'il l'est seulement *par intérim ;*
mais il semble que lui-même est dans la nécessité de se
souvenir qu'il est propriétaire, parce que les affaires *importantes* pourraient le lui faire oublier. A l'égard des affaires *importantes*, elles seront sans doute les mêmes
que celles qu'il avait à Madrid avant la révolution, et
que nous connaissons tous.

(32) **Des** quatre alternatives ou mesures que Palafox
ordonne contre les Français, et qui sont, 1.º d'*examiner* les
motifs qui les ont portés à se présenter en Espagne; 2.º de

dante general de ese reyno de Aragon (3o) (exerciendo mis veces mientras asuntos *importantes* no
me permiten ir por el momento,) (31) cuide de
tomar las providencias mas acertadas que conduzcan
á disipar todos los recelos, ya sea exâminando los
motivos que animaron á esos individuos á presentarse
en nuestro territorio, yá deteniendo sus reclamacio-
nes hasta el tiempo en que nuestras relaciones con la
Francia estén aseguradas, ó yá si las razones do la
utilidad pública no les obligan á retirarse, mandan-
dolos *relegar* á la frontera, donde deberán aguar-
dar nuevas disposiciones del gobierno, ó si nada de
esto bastare, confinandoles al recinto del Castillo de
la Aljaferia, tomando con prudencia las medidas
conducentes para que no salgan de él por ningun pretexto (32) ni sirvan de aliciente á los que por su de-

---

(3o) *Decirle á el mismo lo que es, parece indicar que
se teme no lo haya olvidado.*

(31) *Aquel exerciendo mis veces también es mui bello,
pues puede habersele olvidado á Creagh que es solo comandante interino, y el mismo Palafox necesita acordarse de ser el propietario, pues como está en Madrid
ocupado en asuntos importantes, pudiera olvidarsele. En
quanto á los asuntos importantes, pueden ser mui bien
los que trataba antes de la revolucion en Madrid, que
conocemos perfectamente.*

(32) *De las quatro alternativas qué ordena Palafox
contra los pobres Franceses quales son : exâmen de los
motivos de su entrada; detencion de sus reclamacio-*

afin que leur présence ne serve point de motif à ceux qui, par leur trop grande susceptibilité (33), sont enclins à troubler la tranquillité publique.

« Ceux-ci doivent aussi être réprimés (34). Le peuple de Sarragosse est un peuple de héros; il n'a pas besoin de beaucoup d'exhortation, et encore moins de châtiment pour se bien conduire (35). Ainsi faites leur con-

---

différer de faire droit à leur réclamation; 5.° de les *reléguer* à la frontière; 4.° de les faire *renfermer* dans le château de l'Aljaferia, on a choisi la plus mauvaise de toutes. Mais quand a-t-on vu un capitaine général absent dicter des arrêts de bannissement et de *reclusion*, qui seuls sont du ressort du souverain, et les dater de Madrid même, sans le consulter? Quel désordre! quelle anarchie! quel despotisme!

(33). Il a des considérations très-grandes pour les agitateurs, puisqu'il choisit le mot de *susceptibilité* et non un autre. Mais ce nom n'est pas surprenant, quand son Excellence elle-même a éprouvé cette *susceptibilité*, et c'est par cette raison qu'il faut y approprier un terme équivoque et qui ne désigne rien.

(34). Dans ce cas il devait prendre des mesures énergiques pour réprimer les désordres, mais il se contente de donner un conseil, duquel ils feront aussi peu de cas que de tant d'autres qu'il leur a donnés; sa *représentation* restera en défaut, mais il conservera son emploi et en touchera les appointemens, ce qui est le plus important pour lui.

(35). Il n'a pas non plus besoin que Palafox lui dise qu'il est un peuple de héros; il peut également se passer de ses raisonnemens, et de tout ce qui lui appartient: parce que ce qu'il pourra lui dire n'aboutira qu'à son désavantage et à consommer sa ruine.

masiada cabilosidad (33) se hallen propensos á turbar la tranquilidad publica.

Estos tambien deben refrenarse (34). El pueblo de Zaragoza es un pueblo de heroes: no necesita de muchas razones, ni menos del rigor para conducirse bien (35). Asi pues haga ver V. S. á todos los nobles

---

nes; relegacion *á la frontera*, y confinacion *al castillo, han escogido esta ultima, que es la peor de todas. Pero ¿ quando se ha visto que un capitan general ausente dicte leyes de destierro y confinacion, que solo corresponden al Soberano, y que las dicte desde Madrid mismo, sin consultarle? ¡ Que desorden! que anarquia! que despotismo! ¿ Y aquel relegar de donde ha salido ?*

(33) *Con que tiento se va en calificar las propiedades de los alborotadores. Cabilosidad la llama y nada mas. Pero no es extraño, pues como S. Ex. mismo ha adolecido de estas cabilosidades, es bueno darles un nombre suave, equivoco, y que no diga nada.*

(34) *Aqui, que debia dictar medidas para refrenarlos, se contenta con dar un consejo, del que harán tan poco caso, como de otros suyos, se quedará su representacion desayrada, pero conserbará el empleo y cobrará el sueldo, que es lo que importa.*

(35) *Ni tampoco necesita que le diga Palafox que es heroe; ni de sus razones, ni de nada de lo que proceda de él, pues todo ha de convertirse en su daño, y en consumar su ruina.*

*naître les nobles sentimens de S. M. (36);
ils seront bientôt persuadés de la bonté du
cœur paternel qui désire (37) récompenser
ses loyaux serviteurs, et particulièrement
ceux qui ont conservé son trône au prix
de leur sang, par le sacrifice de leur for-
tune et de leur bien-être (38).*

*A cette fin, il a rendu le décret qui
doit être l'égide de la félicité de la patrie (39). En me conformant en tout à ses intentions royales (40), je vous charge de*

---

(36). On doit avoir un grand soin de ne pas les confondre avec ceux de Palafox, parce qu'ils ne se ressemblent
pas et que ceux du général sont de nature à gâter tout.

(37). Le cœur *sent, s'attendrit, se dilate, s'opprime ;*
mais nous ne savions pas qu'il *désire* jusqu'au moment
où Palafox nous l'a dévoilé. Il est aussi bon physicien et
idéologiste que bon politique et bon patriote.

(38). Ils ont bien illustré le trône! Si on les obligeait
de le remettre dans l'état où le Roi l'avait laissé auparavant, comment pourraient-ils le faire?

(39). Sans doute il parle du décret du 4 Mai, parce
qu'il n'existe que celui-là. Toutes les autres pièces pu-
bliées sont des ordres ministériels, ou proviennent de commandans subalternes comme lui, Villariezo, Creagh,
etc. Il serait à désirer que ce décret-là eût été mis à exécution! l'Espagne n'aurait pas à pleurer sur des malheurs
sans nombre.

(40). C'est-à-dire que M. Palafox fait au Roi l'honneur de *se conformer en tout à ses intentions royales,*
comme si le souverain n'avait pas d'autre faculté que celle
du *conseil,* et lui Palafox la faculté *exécutive* ou d'action.

sentimientos de S. M.,(36) y con facilidad los persuadirá de su paternal corazon, que solo *desea* (37) ver premiados sus leales servidores, haciendo distincion de los que con su sangre y el sacrificio de sus haciendas y bien estar le conservaron el trono (38).

A este efecto expidió el soberano real decreto que debe ser la egida de la felicidad de la patria, (39) tan benemerita como deudora al afecto do S. M. — *Conviniendo* en un todo con sus reales intenciones (40) encargo á V.S. particularmente ponga su mayor

---

(36) *Ciudado en no equivocarlos con los de Palafox, pues se echaria todo á perder, y en nada se parecen.*

(37) *El corazon siente, se enterneco, se dilata, se oprime; pero no sabiamos que desease hasta que Palafox nos lo ha descubierto. Es tan buen fisico é ideologista como politico y patriota.*

(38) *¡ Bonito se lo has puesto ! Si te lo hiciese reponer al estado en que lo déjó ¿ que seria de ti ?*

(39) *Habla sin duda del de 4 de mayo, pues no hay otro decreto de S. M. Los demas son ordenes ministeriales, ó de mandones subalternos, como él, Villariezo, Creagh, etc. ¡ Ojalá se hubiese llevado á efecto aquel decreto de S. M. No tendria la España que llorar males infinitos.*

(40) *Es decir que el S.r Palafox hace al Rey el honor de convenir en un todo con sus reales intenciones, como si el soberano tubiese la facultad unica de consejo y á el le correspondiese la*

surveiller la conduite de tous , en faisant en sorte que les juges , chargés de la poursuite des délits politiques (41), redoublent d'activité, et rendent compte du résultat des procédures à l'autorité supérieure, pour que celle-ci prononce avec la connaissance et la mesure nécessaire (42).

Vous devrez également prévenir ces nobles habitans que S. M. a eu la bonté de consentir à l'établissement de la garde royale, demandée par les bourgeois qui eurent l'honneur de faire le service auprès de sa personne , lorsqu'elle passa à Sarragosse , distinction honorable, qui, en même temps qu'elle gravera dans leur cœur la reconnaissance dont ils doivent être animés pour les bontés

---

Il n'est pas possible de montrer plus de pétulance, de manque de respect et d'irrégularité dans la rédaction d'un pareil écrit.

(41) Si dans les procès il y en avait beaucoup qui ressemblassent à celui qu'on pourrait faire ici à Palafox, il serait difficile de les expédier promptement, parce que l'on se trouverait dans la nécessité d'entendre plus de six cent mille témoins, qui sont les habitans de l'Arragon, nombre auquel Palafox a fait l'honneur de les réduire.

(42). En effet il est très-urgent de prouver que les hommes d'honneur, et les bons Espagnols ont été des *traîtres*, et des *déloyaux* pour les pendre tous, parce que ce serait le meilleur moyen de les faire taire, et de les empêcher de prouver que les véritables *traîtres* et *déloyaux* ont été les Palafox et autres *tels*.

esmero en vigilar sobre la conducta de todos, haciendo que los jueces encargados de las causas de infidencia (41) las activen, para dar pronto sus resulta-
dos á la superioridad, y que esta decida con la seguridad, peso y prontitud, que se requiere (42).

Igualmente debe V. S. manifestar á ese noble vecindario que S. M. ha tenido la bondad de acceder
gustoso al establecimiento de la guardia real, solici-
tada por los paisanos, que tubieron el honor de ha-
cerla á su real persona, en su transito por Zaragoza,
cuya apreciable distincion, al paso que graba en los
corazones de esos benemeritos vecinos el agradeci-
miento de las bondades de S. M. les hace *tacitamente*

---

*executiva ó de accion. Es imposible llevar á mayor
extremo la petulencia, la falta de decoro, y la de
tino para redactar un escrito.*

(41) *Si entre estas causas hay muchas como la
que debiera formarse al S.ʳ de Palafox, no serán
tan faciles de activar, pues seria preciso oir
mas de seiscientos mil testigos, que compondrán
ahora solamente los pobladores de Aragon, gracias á la sangria que les ha hecho su capitan
general.*

(42) *En efecto urge mucho, mucho probar, que
los hombres de honor y los buenos españoles han
sido traydores y desleales para ahorcarlos á todos,
pues este seria el mejor medio de que no hablasen,
ni probaran que los verdaderamente traydores y
desleales han sido Palafox y otros tales.*

de S. M., les rend tacitement responsables(43) du maintien du bon ordre ; et S. M., dans la ferme espérance qu'on obtiendra le résultat qu'on se propose, de tranquilliser les esprits, leur accorde le privilége de bénir leurs drapeaux, et de les mettre sous la protection de la patrone d'Arragon, Notre-Dame del Pilar ».

« Ce que je m'empresse de vous communiquer, pour qu'en donnant eette connaissance au public, il jouisse de cette satisfaction, et soit convaincu que S. M. aura toujours à cœur de récompenser les nobles habitans de Sarragosse. Dieu vous garde beaucoup d'années.—Signé JOSEPH DE PALAFOX Y MELCI. —Au commandant par intérim de la province d'Arragon ».—Madrid, 27 juillet 1814.

Et, pour obéir à ce que ledit capitaine général me prescrit, je ne perds pas un moment pour annoncer l'un et l'autre à ces honorables et très-dignes habitans, pleinement satisfaits sur-tout des grâces et distinctions que le Roi

---

(43).La responsabilité n'étant que *tacite* et non *expresse*, elle semble n'obliger à rien. Ce qui est d'autant plus utile aux agitateurs, qu'ils ne veulent souffrir ni le frein des lois, ni les règles du bon ordre, ni le fardeau de l'obéissance. Mais aussi tout cela est défavorable à l'homme de bien, au propriétaire industrieux et pacifique, qui ne voient jamais finir la licence effrenée de la révolution, le conflit des passions, et les horreurs de l'anarchie.

responsables (43) de todo alboroto, ó alteracion, que pudiendo con su vigilancia, no eviten en lo sucesivo; y en la firme esperanza de que se lograrán los fines que se proponen de aquietar los espiritus, les concede S. M. el privilegio de bendecir sus vanderas; poniendolas bajo la proteccion de la patrona de Aragon Nuestra Señora del Pilar.

Lo que me apresuro á comunicar á V. S. para que noticiandolo inmediatamente al publico, disfrute desde luego de esta satisfaccion tan interesante, y quede convencido de que S. M. no omite medio alguno para recompensar tan noble vecindario. Dios guarde á V. S. muchos años. = Madrid y julio 27 de 1814. = Josef de Palafox y Melci = Señor Comandante general interino de Aragon ».

Y en cumplimiento de lo que dicho Señor capitan general me previene, no pierdo momento en anunciar uno y otro á este honrado y benemerito vecindario, complaciendome sobremanera de las gracias y distinciones que en testimonio de su alta estimacion

____

(43) *La responsabilidad no es mas que tacita, y no expresa. A la verdad una responsabilidad tacita ó incognita no empeña mucho. Tanto mejor para los que sienten reconocer el freno de las leyes, las trabas del buen orden, y la carga de la obediencia; pero tanto peor para el hombre de bien, para el proprietario industrioso, y pacifico, que no ve acabarse nunca el desenfreno de la revolucion, el conflicto de las pasiones, y el horror de la anarquia.*

notre Seigneur, en témoignage de sa haute estime, daigne accorder aux héroïques défenseurs de cette auguste capitale, par l'entremise du célèbre chef qui eut le bonheur de les conduire au plus haut degré de la gloire et de l'immortalité, en faisant l'éloge de la modération, de l'amour de l'ordre et des vertus civiques qu'a montrés, dans toutes les occasions et dans toutes les circonstances, cette ville, aussi loyale et généreuse que vaillante, dont le bonheur est l'objet exclusif des vœux et des efforts de tous les deux; nous appuyant sur les lumières et renseignemens des bons serviteurs du Roi et de la patrie, nous ne nous reposerons pas un moment, jusqu'à ce que nous voyions les crimes découverts et châtiés, les sacrifices récompensés, les grâces rendues au mérite et à la vertu, et refusés à l'iniquité et à l'intrigue, et enfin la patrie de l'héroïsme rétablie dans la splendeur et la prospérité dont elle jouissait autrefois, qu'elle mérite, que notre très-aimable Monarque désire, et à laquelle se rapportent toutes les fatigues de votre général, et toutes mes veilles. — Sarragosse, 30 juillet 1804. — Jean Creagh. — Paule Fernandez Trebino, secrétaire (44).

---

(44). Pour lire jusqu'à la fin cette interminable période,

se sirve dispensar el Rey nuestro Señor á los he-
róicos defensores de esta capital augusta, por medio
del célebre caudillo que tuvo la dicha de conducir-
los á la cumbre de la inmortalidad y de la gloria
y recomendando la moderacion, el amor al órden,
y las virtudes civicas que ha manifestado en todas
ocasiones y circuntancias este pueblo tan leal y generoso como valiente; cuya felicidad es el objeto á
que se han consagrado exclusivamente los votos y
esfuerzos de ambos, que contando con las luces y
noticias de los buenos servidores del Rey y de la
Patria, no descansarémos un punto hasta ver descu-
biertos y castigados los crímenes, premiados los sacrificios, abierto al merito y á la virtud, y cerrado
á la iniquidad y á la intriga el camino de la recom-
pensa, y restituida por fin la patria del heroismo al
esplendor y prosperidad que tuvo, que merece, que
desea nuestro amabilisimo Monarca, y á que se díri-
gen las fatigas de vuestro general y mis desvelos.
Zaragoza 30 de Julio de 1814. = Juan Creagh.
= Pablo Fernandez Treviño *Secretario* (44).

---

(44) *Para leer este eterno periodo, debe tomarse*

N°. XV.

PREMIERE DÉCLARATION,

Du capitaine de génie Don Saturnin Agnos, qui prouve l'achat d'une table d'acajou.

Aujourd'hui est comparu devant M. Antoine-Marie-Augustin Chevrier et son collègue, notaires à Paris, soussignés, M. Saturnin Agnos, capitaine de génie, arrivant d'Angleterre où il était prisonnier de guerre, et étant présentement à Paris, logé rue St.-Denis, N.° 332, chez Mad. Lefevre.

Lequel a dit et déclaré qu'ayant eu l'honneur d'accompagner Son Excellence Don Francisco Amorós en l'année mil huit cent neuf, dans ses expéditions de gouverneur militaire et politique, ainsi que dans celles de commissaire Royal, le comparant a été témoin qu'avant de quitter Santander, son Excellence paya la somme de deux cent cinquante ou trois cents francs, pour le prix d'une table ronde en marbre gris, sur trois pieds, en bois d'acajou, avec cariatides en

---

il faut être doué d'une grande force de poumons. Et on ne pouvait terminer la proclamation d'une manière plus conforme à sa singulière rédaction. Voilà quelques-uns des hommes qui gouvernent la nation Espagnole !

bronze

N.º 15.

PRIMERA DECLARACION,

Del capitan de ingenieros Don Saturnino Añoz, acreditando la compra de una mesa de caoba.

En el dia de hoy ha comparecido ante M.ᵉ Antonio Maria Agustin, Chevrier y su colega, notarios de Paris, abajo firmados, Don Saturnino Añoz, capitan de ingenieros que llega de Ynglaterra, en donde estaba como prisionero de guerra, y ahora se halla en Paris alojado en la calle de S. Denis, n.º 332, casa de Madama Lefevre.

El qual ha dicho y declarado que habiendo tenido el honor de acompañar al Excelentísimo Sʳ Don Francisco Amorós el año de mil ochocientos nueve en sus expediciones de gobernador militar y politico, así como en las de comisario Regio, el compareciente ha sido testigo que antes de salir de Santander pagó su Excelencia la suma de doscientos cincuenta ó trescientos francos, por el precio de una mesa redonda de marmol gris sobre tres pies de caoba, con cariati-

---

un fuerte resuello, y no podia acabarse la proclama de Palafox de un modo mas conforme á su singularísimo contexto. ¡He aqui algunos de los hombres que gobiernan la Nacion española!

bronze doré, et une coupe de même métal dans la partie inférieure ; laquelle table fut vendue de gré à gré par la famille d'un brigadier général émigré de ladite ville ; qu'ensuite le comparant a vu cette même table à Madrid où Son Excellence l'avait fait conduire, comme une de ses propriétés légalement acquises : lesquels faits ci-dessus énoncés le comparant affirme véritables.

De laquelle déclaration le comparant a demandé acte aux notaires soussignés ; ce qu'ils lui ont à l'instant accordé pour servir et valoir ce que de raison ; dont acte :

Fait et passé à Paris, en l'étude, l'an mil huit cent quatorze, le vingt-trois Août, et a signé avec les notaires, après la lecture : la minute des présentes demeurée à M. Chevrier, l'un des notaires soussignés.

Au bas est écrit. Enregistré à Paris, le vingt-quatre Août mil huit cent quatorze, f.° 99 V. C. 5. Reçu un franc dix centimes : signé Rippert.

GUILLAUME.   CHEVRIER.

Nous, juge par l'empêchement de M. le président du tribunal de première instance du Département de la Seine, certifions que les signatures ci-dessus sont celles de MM. Che-

des de bronce dorado, y una copa del mismo metal en la parte inferior; cuya mesa fué vendida espontaneamente por la familia de un brigadier emigrado de la misma ciudad; que despues el compareciente ha visto esta misma mesa en Madrid, á donde su Excelencia la hizo conducir como una de sus propiedades legalmente adquiridas : cuyos hechos arriba enunciados, el compareciente confirma ser ciertos.

Habiendo pedido un testimonio de esta declaracion á los notarios abajo firmados, se la han concedido al momento para que sirva y valga á lo que hubiere lugar.

Este acto, hecho en Paris en el estudio el año de mil ochocientos y catorce á veinte y tres de Agosto, lo ha firmado con los notarios despues de habersele leido, quedando la minuta de él en poder de M. Chevrier, uno de los notarios abajo firmados.

En la parte inferior se halla escrito : registrado en Paris el veinte y quatro de Agosto de mil ochocientos cartoce, fol.º 99. V. C. 5; recibido un franco y diez centesimos. ═ Firmado Rippert. ═Firmado Guillaume. — Chevrier.

Nos, Juez, por impedimento del Señor presidente del tribunal de Primera Instancia del departamento del Sena, certificamos, que las firmas anteriores son

vrier et Guillaume, Notaires Royaux à Paris, et que foi doit y être ajoutée.

Paris, ce 30 Août mil huit cent quatorze.

GRANDUC.

SECONDE DÉCLARATION.

Le soussigné, officier civil de la direction générale des domaines de Madrid, certifie que, se trouvant à Santander employé auprès de S. Exc. le Conseiller d'Etat Don François Amorós, en qualité de secrétaire, il fut payé par lui la somme de deux cent cinquante francs pour une table ronde de marbre gris, avec trois pieds de bois d'acajou, et des têtes de bronze doré, laquelle table fut vendue de bonne et libre volonté par la famille d'un brigadier émigré, nommé Socobio, que j'ai connu pesonnellement à ladite ville de Santander.

Après la commission finie, S. Exc. étant retournée à Madrid, j'ai vu ladite table dans sa maison, comme une propriété légitime, pendant très-long-temps.

Signé B. Croicille.

Toulouse, 4 septembre 1814.

FIN.

las de los Señores Chevrier y Guillaume, notarios reales de Paris, y que debe dárseles fé. = Paris á treinta de Agosto de mil ochoientos catorce. = *Firmado* GRANDUC.

SEGUNDA DECLARACION.

El abajo firmado, oficial civil de la direccion general de los bienes nacionales de Madrid, certifico, que hallandome en Santander, empleado con el Ex. Señor Don Francisco Amorós, Consejero de Estado, en calidad de Secretario, pagó dicho Señor la suma de doscientos cincuenta francos por una mesa redonda de marmol obscuro, con tres pies de caoba y con cabezas de bronce dorado, cuya mesa fué vendida con buena y libre voluntad por la familia de un brigadier emigrado, que se llama Socobio, y que he conocido personalmente en la misma ciudad de Santander.

Concluida la comision y habiendo ido con Su Excelencia á Madrid he visto la referida mesa en su casa como una propiedad legitima, durante mucho tiempo. = Tolosa á 4 de Setiembre de 1814. = *Firmado* B. CROICILLE.

FIN.